내공 중학 영어 구문 2

김현우
현) 껌학원 원장 현) 영어 입시교재 집필진 B2Basics
서울대졸, EBS 영어지문 3초 써머리(쏠티북스) 외 집필

송승룡
현) 실천닷컴 영어 대표강사 현) 비티아임즈 대표 논설위원
성균관대졸, 국제영어대학원대학교 석사과정 교재개발학과 전공

김한나
현) ㈜이은재 어학원 강사 현) ㈜비상 교육 온라인 그래머 강사
이화여대졸, 모자이크 EBS 변형문제 출제위원

이건희
현) 쥬기스(http://jugis.co.kr) 대표
내공 중학영문법(다락원), 내공 중학영단어(다락원) 외 집필

김형규
현) 저자집단 '지식을 꽃피우다' 대표
내공 중학영단어(다락원), 시험영문법(디딤돌) 외 집필

내공 ^{중학} 영어구문 2

지은이 김현우, 송승룡, 김한나, 이건희, 김형규
펴낸이 정규도
펴낸곳 (주)다락원

초판 1쇄 발행 2016년 11월 21일
초판 5쇄 발행 2024년 9월 13일

책임편집 김지은, 이동호
디자인 구수정
영문 감수 Jonathan McClelland
삽화 김영진
조판 포레스트

다락원 경기도 파주시 문발로 211
내용문의 (02)736-2031 내선 504
구입문의 (02)736-2031 내선 250~252

Fax (02)732-2037
출판등록 1977년 9월 16일 제406-2008-000007호

ISBN 978-89-277-0792-9 54740
      978-89-277-0790-5 54740(set)

http://www.darakwon.co.kr

다락원 홈페이지를 방문하시면 상세한 출판정보와 함께
동영상강좌, MP3 자료 등 다양한 어학 정보를 얻으실 수 있습니다.

DARAKWON

구성과 특징

내공 중학영어구문은 중학교 교과과정의 필수구문을 3레벨로 나누어 수록하고 있습니다. 각각의 레벨은 본책과 책 속의 책 형태의 워크북이 제공됩니다. 본책은 기본적으로 15개의 예문으로 구성되어 있으며 예문의 난이도는 뒷 번호로 갈수록 약간씩 높아지도록 구성하였습니다. 본책에 책 속의 책 형태로 제공되는 워크북은 본책에서 학습한 예문을 활용한, 난이도가 다른 세 가지 유형의 문제 12개로 구성되어 있습니다.

특 징

1 기본 교과과정에 충실

내신 성적 향상에 토대가 되도록 중학교 교과과정에 충실한 알찬 구문으로 시험에 확실히 대비하도록 설계되었습니다.

2 한 눈에 보는 대표예문

대표예문은 각 Unit의 가장 대표성을 띠는 중간난이도로 마련하였으며, 대표예문의 통문장 암기로 해당 Unit을 완전히 내 것으로 만들 수 있습니다.

3 지루하지 않은 학습

명언, 속담, 인용구와 더불어 대화형 예문, 위트 넘치는 예문, 그리고 QR코드를 통해 노래로 익힐 수 있도록 학습을 지루하지 않게 구성했습니다.

4 고리문장을 통한 독해력 향상

각 Unit 별로 고리문장을 연결하면 하나의 독해가 완성되어, 독해로 가는 가교역할을 하는 구문학습에 최적화되어 있습니다.

5 깔끔한 테스트

본책에서 구문학습 확인을 위한 필수 3문항과, 워크북에서 재확인을 위해 12문항씩 테스트를 제공합니다.

6 유용한 교사용 자료 제공

단어목록, MP3파일, 영작 및 해석 연습을 위한 테스트지 등 다양한 부가학습자료를 다락원 홈페이지에서 무료로 다운로드 할 수 있습니다.

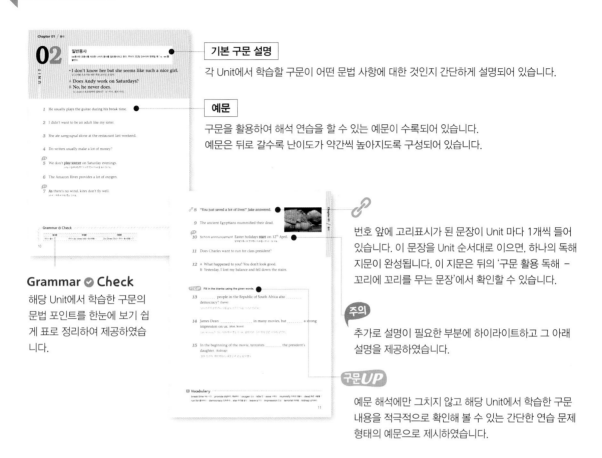

기본 구문 설명

각 Unit에서 학습할 구문이 어떤 문법 사항에 대한 것인지 간단하게 설명되어 있습니다.

예문

구문을 활용하여 해석 연습을 할 수 있는 예문이 수록되어 있습니다.
예문은 뒤로 갈수록 난이도가 약간씩 높아지도록 구성되어 있습니다.

번호 앞에 고리표시가 된 문장이 Unit 마다 1개씩 들어 있습니다. 이 문장을 Unit 순서대로 이으면, 하나의 독해 지문이 완성됩니다. 이 지문은 뒤의 '구문 활용 독해 – 꼬리에 꼬리를 무는 문장'에서 확인할 수 있습니다.

주의

추가로 설명이 필요한 부분에 하이라이트하고 그 아래 설명을 제공하였습니다.

구문 UP

예문 해석에만 그치지 않고 해당 Unit에서 학습한 구문 내용을 적극적으로 확인해 볼 수 있는 간단한 연습 문제 형태의 예문으로 제시하였습니다.

Grammar ⊘ Check

해당 Unit에서 학습한 구문의 문법 포인트를 한눈에 보기 쉽게 표로 정리하여 제공하였습니다.

구 문 활 용 독 해

꼬리에 꼬리를 무는 문장

각 Unit 마다 제공한 고리문장을 이어서 완성한 스토리로, 약 3~4개 Chapter 당 하나씩 등장합니다. 각 문장 뒤에 표시된 번호는 해당 문장이 수록된 Unit으로, 교재에서 학습한 구문을 이 지문에 활용하여 실제 해석을 해볼 수 있습니다. 지문 관련 독해 문제를 3개 제공하여, 실제 구문을 활용하여 독해를 하고, 독해한 내용으로 문제를 푸는 연습을 할 수 있습니다.

워크북의 구성

워크북은 네 개의 난이도가 다른 문제 유형 – Let's Walk!, Lets Run!, Let's Jump!, Let's Fly! – 으로 구성되어 있습니다. 본책과 동일한 Unit의 예문을 100% 활용한 문제를 제공하여 학생들이 학습한 내용을 바로 확인해 볼 수 있도록 구성하였습니다.

목차

01

be동사

be동사는 인칭과 수에 따라서 현재형은 am, are, is를 쓰고 과거형은 was, were를 사용한다.

- **His speech was not good to listen to.**
  그의 연설은 듣기에 좋지 않았다.

A **Were Lynn and Amy together at the party?**
B **Yes, they were.**
A: Lynn과 Amy가 함께 파티에 갔었니?   B: 응, 그랬어.

---

1 Life is a beautiful struggle.

2 The remote controller was not on the table.
was는 '있었다'라는 뜻도 있음을 명심해요.

3 A Are you English?
   B Yes, we are!
   you에 '당신들'이라는 뜻도 있으므로 we로 대답하는 경우도 있어요.

4 Elizabeth is my mother-in-law.

5 He was a good son to his parents for his entire life.

6 You were always a good teacher to your students.

7 The authors of the God of Inner Power are geniuses!
주어는 The authors(복수)이므로 are를 써야 해요.

Grammar ✓ Check

평서문	부정문	의문문
주어 + be동사 ~	주어 + be동사 + not ~	be동사 + 주어 ~

8 Robert was a lawyer two years ago, but he's not now.

9 Was David Beckham a popular player at Real Madrid?

10 Adolescence is a period of rapid change.

주의
11 Once upon a time, there was an ugly but kind princess.

there be동사 구문의 주어는 뒤에 있으므로 수일치에 유의해야 해요.

12 "This whole thing is not a dream. Am I right, Jake?" Andrew panted out.

구문**UP** Fill in the blanks using the be verb.

13 A _____ Big Ben in Paris?

B No. It _____ in London.

A: 빅벤이 파리에 있니? B: 아니, 그것은 런던에 있어.

14 Mr. Dilandro _____ _____ her favorite professor back then.

Dilandro 씨는 그 당시 그녀가 가장 좋아하는 교수님이 아니었다.

15 A _____ you feeling nervous about meeting new people?

B No, I _____ not.

A: 너는 새로운 사람들을 만나는 것이 긴장되니? B: 아니, 그렇지 않아.

📖 **Vocabulary** ....

struggle 투쟁 | **English** 영국의, 영국인; 영어 | **mother-in-law** 시어머니 | **entire** 전체의, 온 | **author** 작가 | **genius** 천재 |
adolescence 청소년기 | **period** 시기 | **rapid** 빠른 | **whole** 모든 | **pant out** ~을 헐떡거리며 말하다 | **favorite** 가장 좋아하는, 선호하는

일반동사

be동사와 조동사를 제외한 나머지 동사를 일반동사라고 한다. 주어가 3인칭 단수이며 현재일 때 '-s, -es'를 붙인다.

U N I T

• **I don't know her but she seems like such a nice girl.**
난 그녀를 모르지만 매우 착한 소녀인 것 같다.

A Does Andy work on Saturdays?
B No, he never does.
A: Andy는 토요일마다 일하니? B: 아니, 결코 아냐.

1 He usually plays the guitar during his break time.

2 I didn't want to be an adult like my sister.

3 She ate *samgyupsal* alone at the restaurant last weekend.

4 Do writers usually make a lot of money?

5 We don't play soccer on Saturday evenings.
play 다음에 운동경기가 오면 관사(the)를 쓰지 않아요.

6 The Amazon River provides a lot of oxygen.

7 As there's no wind, kites don't fly well.
as에 '~때문에'라는 뜻도 있어요.

Grammar ✓ Check

평서문	부정문	의문문
주어 + 동사 ~	주어 + do/does/did + not + 동사원형 ~	Do/Does/Did + 주어 + 동사원형 ~?

8 "You just saved a lot of lives!" Jake answered.

9 The ancient Egyptians mummified their dead.

주의
10 School announcement Easter holidays **start** on 12th April.

왕래발착동사는 현재형이 미래를 나타내기도 해요.

11 Does Charles want to run for class president?

12 A What happened to you? You don't look good.
    B Yesterday, I lost my balance and fell down the stairs.

구문UP Fill in the blanks using the given words.

13 _____ people in the Republic of South Africa also _____ democracy? (have)

남아프리카공화국의 사람들도 민주주의를 가지고 있나요?

14 James Dean _____ _____ in many movies, but _____ a strong impression on us. (star, leave)

James Dean은 많은 영화에 주연을 맡지는 않았지만, 우리에게 강한 인상을 남겼다.

15 In the beginning of the movie, terrorists _____ the president's daughter. (kidnap)

영화 초반에, 테러범들이 대통령의 딸을 납치했다.

📋 Vocabulary

break time 쉬는 시간 | **provide** 공급하다, 제공하다 | **oxygen** 산소 | **kite** 연 | **save** 구하다 | **mummify** 미라로 만들다 | **dead** 죽은 사람들 | **run for** 출마하다 | **democracy** 민주주의 | **star** 주연을 맡다 | **leave** 남기다 | **impression** 인상 | **terrorist** 테러범 | **kidnap** 납치하다

03

현재진행형

현재에 진행 중인 경우에 쓰며 「am/are/is] + -ing」의 형태이고 '~하고 있는 중이다'라고 해석한다.

U N I T

- **Look! Someone is trying to break into your car.**
  봐봐! 누군가 네 차로 들어가려고 하고 있어.

- **This calculator isn't working properly.**
  이 계산기는 제대로 작동하지 않고 있다.

---

1 Okay, okay, you win. I'm admitting defeat.

2 A Honey, where is Peter?
　 B He is brushing his teeth in the bathroom.

3 Am I doing something wrong to you now?

주의
4 Dan is dancing in the dancing room.
　　　　앞의 dancing은 능동, 진행을 나타내는 현재분사이고 뒤의 dancing은 용도, 목적을 나타내는 동명사예요.

5 James is preparing a sandwich for his pregnant wife.

6 The boy is coloring pictures of animals in the zoo.

7 You are watching the most boring movie of the year.

Grammar ⊘ Check

기본형	am/are/is + -ing		
부정형	am not/are not[aren't]/is not[isn't] + -ing		
의문문	Am/Are/Is + 주어 + -ing ~?		
		긍정	Yes, 주어 + am/are/is.
		부정	No, 주어 + am not/are not[aren't]/is not[isn't].

8 (on the phone) I'm having dinner right now. Could I call you back later?

주의
9 A How's it going?
How are you (doing)? How's everything? What's up?과 같은 뜻이에요
B I was sick for a few days, but now I'm feeling better.

주의
10 It's midnight. But Frode is playing the drum, so I can't sleep well.
날씨를 나타내는 비인칭주어로 해석은 하지 않아요.

11 The company's financial situation is not getting better.

12 The God of Inner Power said, "You are starting your grand journey to save mankind, Andrew!"

구문UP Fill in the blanks using the given words.

13 _____ you _____ now? Get out! (cheat)
너, 지금 부정행위를 하고 있어? 나가!

14 Eli _____ _____ his full potential in this competition. (show)
Eli는 이 대회에서 그의 완전한 잠재력을 보여주지 않고 있다.

15 My friend _____ constantly _____ me for money. It's really annoying. (ask)
내 친구는 끊임없이 나에게 돈을 요구한다. 그것은 정말 짜증난다.

💬 **Vocabulary**

break into ~에 침입하다 | **calculator** 계산기 | **properly** 제대로 | **admit** 인정하다 | **defeat** 패배 | **prepare** 준비하다 | **pregnant** 임신한 | **color** 색칠하다 | **boring** 지루한 | **financial** 재정적인 | **situation** 상황 | **grand** 웅장한 | **journey** 여정, 여행 | **mankind** 인류 | **cheat** 속이다, 부정행위를 하다 | **potential** 잠재력 | **competition** 대회 경쟁 | **constantly** 끊임없이 | **ask for** ~을 요구하다 | **annoying** 짜증나는

04

과거진행형
과거에 진행중이었던 경우에 쓰며 「was/were + -ing」의 형태이고 '～하고 있는 중이었다'라고 해석한다.

- **Sorry, I wasn't listening. Can you say that again please?**
  미안, 듣지 못했어. 다시 한 번 얘기해 줄래?

- **At this time last week, I was lying on the beach in Florida.**
  지난 주 이 시간에 난 플로리다의 해변에 누워있었다.

1 The monkeys were watching me.

주의
2 We weren't getting enough allowance.

enough는 명사 앞뒤에서 꾸미는데 앞이 일반적이에요.

3 I asked, "Were you crying?" But she didn't answer.

4 An hour ago, we were making a house for the ducklings.

5 She was smiling at me when I arrived.

6 We were taking a cold shower after being in the sauna.

주의
7 When you visited the Venice Beach, was it raining?

날씨를 나타내는 비인칭주어 it은 해석하지 않아요.

Grammar ✔ Check

기본형	was/were + -ing	
부정형	was not/were not[weren't] + -ing	
의문문	Was/Were + 주어 + -ing ~?	
	긍정	Yes, 주어 + was/were.
	부정	No, 주어 + was not/were not[weren't].

8 Jerry was looking for his **five-year-old** dog every day last month.

dog을 꾸미는 형용사역할을 하므로 year를 복수로 써서 five-years-old라고 하면 안돼요.

9 When I phoned my friends, they were playing a board game.

10 While Jacob was in the bathroom, his cats were eating his steaks.

🔗 *11* "I was wondering how well you would respond to the emergency, but now I believe you will be a good hero."

 12 A Did you hear that?
B Hear what? That Mark was digging in the cemetery to find a gold bar at midnight?

의문문의 형태가 아니어도 끝을 올려 읽으면 의문문이 되기도 해요.

구문**UP** **Fill in the blanks using the given words.**

13 She _____ _____ _____ someone to eat chicken with. (look for)

그녀는 치킨을 같이 먹을 누군가를 찾고 있었다.

14 Oh, we _____ _____ about you. We _____ just _____.
(talk, chat)

우리는 네 얘기하고 있던 게 아니야. 우리는 그냥 잡담 중이었어.

15 It was a peaceful day in December. Snow _____ _____ and children _____ _____ carols. (fall, sing)

12월의 어느 평화로운 날이었다. 눈이 오고 있었고 아이들은 캐럴을 부르고 있었다.

📖 **Vocabulary**

allowance 용돈 | **duckling** 새끼오리 | **wonder** 궁금해 하다 | **respond** 반응하다 | **emergency** 비상 상황 | **cemetery** 공동묘지 |
peaceful 평화로운

05

미래시제

미래에 대한 표현은 「will + 동사원형」으로 나타낸다. 미리 계획한 경우에는 「am/are/is + going + to동사원형」으로 나타내며, be동사는 주어와 시제에 맞게 사용한다.

U N I T

- **In the year 2020, all students will have their own computers in school.**
  2020년에 모든 학생들이 학교에서 자신만의 컴퓨터를 갖게 될 것이다.

- **We are going to buy a new car next month.**
  우리는 다음 달에 새 차를 살 예정이다.

1 Mom, I will never talk back to you. I promise.

2 Will he go to the exhibition with me this Sunday?

3 The year 2222 is going to be a very interesting year.
      twenty two, twenty two로도 읽어요.

4 Everyone will laugh at Paul's ridiculous shoes.

5 Grace will throw a coin to decide her lunch.

6 Samuel won't give up his hope of finding employment.

7 A Can you lend me the comic book?
            lend the comic book to me로 쓸 수도 있어요.
      B Sorry, I can't. I am going to read it soon.

Grammar ✓ Check

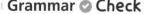

평서문	부정문	의문문
주어 + will + 동사원형 ~.	주어 + will not[won't] + 동사원형 ~.	Will + 주어 + 동사원형 ~?
주어 + am/are/is going to + 동사원형 ~.	주어 + am/are/is not going to + 동사원형 ~.	Am/Are/Is + 주어 + going to + 동사원형 ~?

8 Warming up before exercise will reduce your injuries.

주의
9 I am going to move to Melbourne when I retire.

시간 부사절에서는 현재형이 미래의 의미를 가져요.

10 That car is driving too fast! Oh, no, it is going to crash!

11 Will the piano be enough for Mike's 18th birthday present?

12 "Just keep doing so, and you will become a great hero for everybody."

구문**UP** **Fill in the blanks using *will* or *be going to* and the given words.**

13 I _____ _____ anyone your secret. (tell)

아무에게도 너의 비밀을 말하지 않을 거야.

14 She _____ _____ _____ _____ _____ her vacation in Dominica. (spend)

그녀는 도미니카에서 그녀의 휴가를 보내지 않을 것이다.

15 _____ they really _____ the space fair? (enjoy)

그들이 정말로 우주 박람회를 즐길까요?

💬 **Vocabulary**

talk back 말대꾸하다 | **promise** 약속하다 | **exhibition** 전시회 | **laugh at** 비웃다 | **ridiculous** 우스꽝스러운 | **give up** 포기하다 |
employment 취업, 고용 | **warming up** 준비운동 | **reduce** 줄이다, 감소시키다 | **injury** 부상 | **retire** 은퇴하다 | **crash** 부딪히다 | **spend**
(시간을) 보내다, 소비하다 | **fair** 박람회

06

UNIT

현재완료: 경험

현재완료란 과거에 시작된 동작이나 상태가 현재까지 영향을 미치는 시제를 말하며, 「have/has + 과거분사」의 형태를 쓴다. 경험 용법은 '~한 적이 있다'라는 의미이다.

• **Mina has seen the movie many times.**
미나는 그 영화를 여러 번 봤다.

A **Have you ever heard this story?**
B **No, I haven't.**
A: 넌 이 이야기 들어본 적이 있니? B: 아니, 그런 적 없어.

1 Have we met before?

2 I haven't seen you in ages.
age에는 '나이, 시대, 오랫동안, 나이 먹다'의 뜻이 있어요.

3 He has never used an expensive camera.

4 How many times have I told you, huh?

5 I have been to Tokyo once to have lunch.
have been to는 경험을 have gone to는 결과를 나타내요.

6 The Korean-American has visited North Korea twice.

7 Have I told you lately that I love you?

참고 팝계의 영원한 젊은 오빠 Rod Stewart의 노래 제목입니다.

Grammar ✓ Check

긍정문	주어 + have + p.p.(과거분사) ~.		
부정문	주어 + have/has + not/never + p.p. ~.		
의문문	Have/Has + 주어 + p.p. ~?		
	대답	긍정	Yes, 주어 + have/has.
		부정	No, 주어 + haven't/hasn't.

	의미	함께 자주 쓰이는 표현
경험	~한 적이 있다	ever, never, before, once, twice

8　Mr. Doubt has called his girlfriend thirty times today.

9　Andrew has never been so excited before.

10　The cat has scratched the dog seriously before.

11　I have tried to wake Alice up many times, but I couldn't.

12　A　I'm worried about this interview. I have never passed it...
　　　B　Don't worry! You will do better this time!

구문UP　Fill in the blanks using the given words.

13　I'_____ never _____ monkey brains before. (eat)
　　나는 전에 원숭이 뇌를 먹어본 적이 없다.

14　How many times _____ you _____ rare items in this game? (find)
　　이 게임에서 몇 번이나 레어템을 발견해 보셨나요?

15　A　_____ you ever _____ _____ foreign countries?
　　　B　No, I _____. (be, to)
　　A 외국에 가보신 경험 있으세요?　B: 아니오.

📝 **Vocabulary**

scratch 할퀴다 | **lately** 최근에 | **rare** 희귀한 | **item** 물품 항목

현재완료: 계속

「have/has + 과거분사」의 형태이고, 계속 용법은 '~해 오고 있다'라는 의미이다.

U N I T

- **I haven't seen my mother for two months.**
  난 두 달 동안 엄마를 보지 못했다.

- **Dongho has lived in Germany since 2006.**
  동호는 2006년부터 독일에 살고 있다.

1 Sam has worked for NYPD for six years.

2 I haven't studied math <u>since</u> I was a 1st grader.
since는 접속사로 전치사로도 쓰여요.

3 The two countries have fought over the city <u>since</u> the 19th century.
since는 접속사로 전치사로도 쓰여요.

4 A How long have you known Mr. Bennigan?   B Since last week.

5 Have the tribes helped each other for a long time?

6 She has played the clarinet steadily <u>for</u> ten years.
for에는 시간의 길이가, since에는 과거 시점이 와요.

7 Dianne has had a cold <u>since last week</u>.
last week은 과거와 어울리지만 since last week은 현재완료와 어울려요.

Grammar ✓ Check

긍정문	주어 + have + p.p.(과거분사) ~.		
부정문	주어 + have/has + not/never + p.p. ~.		
의문문	Have/Has + 주어 + p.p. ~?		
	대답	긍정	Yes, 주어 + have/has.
		부정	No, 주어 + haven't/hasn't.

	의미	함께 자주 쓰이는 표현
계속	~해오고 있다	for, since, how long

8 We have been best friends since we were twelve.

9 Cho Kwon has prepared to become a singer for eight years.

10 You have not paid the rent for two months. You need to move out now!

주의

11 Strangely, the black car has **been** over there since last month.

been도 be동사이므로 '있다'의 뜻이 있어요.

12 He said, "Now, I can visit my grandma with this new power. I haven't been able to see her for a long time because she lives far away."

구문UP Fill in the blanks using the given words.

13 I _____ _____ in this city since last summer. (stay)

나는 지난 여름부터 이 도시에 머물러 왔다.

14 A How long _____ you _____ your phone? (use)

B Almost five years.

A: 너는 얼마나 오랫동안 네 전화기를 사용해왔니? B: 거의 5년 동안.

15 My mother _____ _____ me for 30 minutes because I didn't help her to clean the bathroom. (scold)

엄마는 내가 그녀가 화장실 청소하는 것을 돕지 않아서 나를 30분 째 혼내고 있다.

📑 **Vocabulary**

NYPD(New York Police Department) 뉴욕시 경찰청 | **fight over** ~에 놓고 싸우다 | **tribe** 부족 | **steadily** 꾸준히 | **rent** 임대료 | **strangely** 이상하게

08

현재완료: 완료

「have/has + 과거분사」의 형태이고, 완료 용법은 '막 ~했다'라는 의미이다.

- **The deliveryman has not come yet.**
  그 택배기사가 아직 오지 않았다.

- **Jason has just finished cleaning his room.**
  Jason이 그의 방 청소를 막 끝냈다.

1 Jim hasn't called her yet.

2 I have already watched this movie.

3 Congrats! You have just passed your driving test.

4 A Haven't you heard yet?   B Heard what?   A That...

5 We are too early. The shop hasn't opened yet.

6 A Do you want to have chicken with us?
   B I've just eaten lunch, but I will join you.

7 The patient has already heard about his illness.

Grammar ✔ Check

긍정문	주어 + have + p.p.(과거분사) ~.		
부정문	주어 + have/has + not/never + p.p. ~.		
의문문	Have/Has + 주어 + p.p. ~?		
	대답	긍정	Yes, 주어 + have/has.
		부정	No, 주어 + haven't/hasn't.

	의미	함께 자주 쓰이는 표현
완료	막 ~했다	just, already, yet

8 The vendors have already left for Hwagyae Market.

9 A When will you visit Tasmania?

   B I haven't decided yet.

10 A Is Ms. Sullivan still with you there?

   B No, she has just gone home.

11 (yawning) Mom, I've already woken up. Please stop knocking on the door.

12 The God said, "I have just warned you about this, Andrew. Use your powers for other people, not for yourself."

구문UP **Fill in the blanks using the given words.**

13 The kids _____ just _____ for their parents for New Year's. (bow)

아이들은 그들의 부모님에게 막 세배를 했다.

14 We _____ just _____ the plane! What should we do now? (miss)

우리 막 비행기를 놓쳤어! 이제 무엇을 해야 할까?

15 A _____ you _____ the tickets yet?

   B Yes, I _____ just _____ it. (book, do)

A: 아직 티켓 예약 안했니?　B: 응, 방금 막 했어.

📨 **Vocabulary**

deliveryman 택배기사 | **congrats** 축하하다 | **illness** 병 | **vendor** 행상인 | **yawn** 하품하다 | **warn** 경고하다 | **bow** 절하다 | **New Year's** 1월 1일 | **book** 예약하다

현재완료: 결과

「have/has + 과거분사」의 형태이고, 결과 용법은 '~해 버렸다(그래서 지금은 …하다)'라는 의미이다.

- **I have lost my dictionary in the library.**
  난 도서관에서 내 사전을 잃어버렸다.
- **My mother has gone to Busan.**
  우리 엄마는 부산에 가셨다.

1 Chucky has lost his overalls.

2 Norris has spent all his lottery winnings.

3 Henry has borrowed some books from Ann.

4 Be careful! I have spilt oil on the floor.

5 They have gone to the cinema. Now I'm by myself.
have been to는 경험을, have gone to는 결과를 나타내요.

6 The painter has left Paris for a challenge.

7 The Navy has purchased a new yellow submarine.

Grammar ✔ Check

긍정문	주어 + have + p.p.(과거분사) ~.		
부정문	주어 + have/has + not/never + p.p. ~.		
의문문	Have/Has + 주어 + p.p. ~?		
	대답	긍정	Yes, 주어 + have/has.
		부정	No, 주어 + haven't/hasn't.

	의미	함께 자주 쓰이는 표현
결과	~해버렸다 (그래서 지금은 …하다)	go, come, leave, lose, buy

24

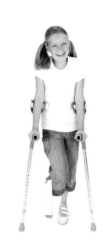

8 She has broken her leg on her way home.

9 He has finally found his wedding ring on the beach.

10 Because of your help, I have found my credit card.
Thank you, officer!

11 Oh no! I have left my purse at home. I have to go back home.

🔗 **12** "There was a villain. He destroyed my planet in another galaxy. So, my people have lost everything."

구문**UP** **Fill in the blanks using the given words.**

13 The car dealer _____ _____ fifty cars this month. (sell)
그 자동차 판매원이 이 달에 차를 50대 팔았다.

14 He _____ just _____ _____ England with his family. (go, to)
그는 가족과 함께 막 영국으로 가버렸다.

15 My father _____ _____ away my cellphone because I got a zero on my math test. (throw)
내가 수학 시험에서 0점을 맞아서 아버지는 내 전화기를 버리셨다.

📑 **Vocabulary** ||||||||||||||||||||||||||||||||||||||||||||||||||||||||||||||||||||||||||||||||

overalls 멜빵바지 | **lottery** 복권 | **spill** 엎지르다(–spilt–spilt) | **purchase** 구매하다 | **submarine** 잠수함 | **officer** 경찰관 | **throw**
버리다(–threw–thrown)

U N I T

would vs. used to

would는 과거의 반복된 규칙적인 행위를 나타내며, 상태로는 쓰지 않는다. used to 동사원형은 현재에는 더 이상 하지 않는 과거의 습관이나 상태를 나타낸다.

- **Eric would go swimming when he was young.**
  Eric은 어렸을 때 수영하러 가곤 했다.

- **Kate's sister used to be a flight attendant.**
  Kate의 언니는 비행기 승무원이었다.

1 Our school used to be a cemetery.
상태를 나타낼 때는 used to만 쓸 수 있어요.

2 In summer, they would walk along the beach.

3 They didn't use(d) to go climbing in winter.

4 My sister used to dance to become a ballerina.

5 My grandmother would enjoy ice fishing alone.

6 There used not to be anyone on this beach last winter.

7 I used to have short hair when I was a teenager.

Grammar ✓ Check

	의미	
used to	과거의 습관	상태(예전에 ~이었다)
would	(~하고 했다)	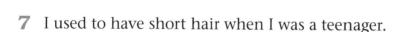

긍정	부정	의문
used to + 동사원형	didn't use(d) to + 동사원형 used not to + 동사원형	Did + 주어 + use(d) to + 동사원형 ~?
would + 동사원형	would not + 동사원형	Would + 주어 + 동사원형 ~?

8 Simon used not to think about his future before he met his wife.

9 I used to think that I could not go on.
And life was nothing but an awful song.

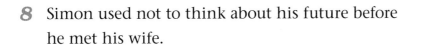

참고 미국의 싱어송라이터인 R. Kelly의 *I believe I can fly*의 가사입니다.

10 I never used to eat peas. I thought they tasted terrible, but now I like them.

11 We used to swim in this river. Unfortunately, now it's forbidden.

12 "He became evil because he would use his power for himself. Small or big... It doesn't matter. Don't use your power for yourself!"

구문UP Fill in the blanks using *used to* and/or *would* and the given words.

13 Mom, did the actress _____ _____ _____ young and slim? (look)
엄마, 그 여배우는 젊고 날씬해 보이곤 했었나요?

14 I _____ always _____ when I played chess with my father. (lose)
나는 아버지와 체스를 할 때 항상 졌다.

15 Sue didn't _____ _____ _____ Peter, but now they're married.
(like)
Sue는 Peter를 예전엔 좋아하지 않았지만 지금 그들은 결혼했다.

📋 **Vocabulary**

flight attendant 비행기 승무원 | **cemetery** 공동묘지 | **climbing** 등산 | **ballerina** 발레리나 | **nothing but** 단지 | **awful** 끔찍한 | **pea** 완두콩 | **forbidden** 금지된 | **matter** 중요하다 | **slim** 날씬한

11

UNIT

ought to

'~해야 한다'라는 뜻으로 should와 같은 의미이다. 부정문은 「주어 + ought + not + to동사원형 ~」이다.

- **You ought to listen to your teacher's advice.**
  여러분은 선생님의 충고를 들어야 한다.

- **We ought not to cross the street here.**
  우리는 여기에서 길을 건너서는 안 된다.

---

1 You ought to be quiet in public places.

주의

2 The work ought to be complete by noon.
시간 앞에서 '~까지(는)'이라는 의미로 쓰여요.

3 The leader ought to be ashamed of herself.

4 You ought to ask for your teacher's permission.

5 You ought not to take in too much caffeine.

6 You ought to turn off your cell phone in the theater.

7 We ought to drink enough water when we exercise.

Grammar ✓ Check

의미	긍정	부정
충고, 조언	ought to 동사원형	ought not to 동사원형

8 We ought not to carry so much cash while traveling.

(주의) **9** We ought to change our policy. Don't you think so?

여기서 so는 '그렇게'라는 뜻이에요.

10 The restroom floor is slippery, so you ought to clean it.

11 Jake said, "Andrew, you ought to use your power only for other people."

12 A I'm on a diet, so I ought not to eat any sweets at night.
B So you are eating that chocolate now!

구문UP **Fill in the blanks using the given words.**

13 Doctors We _____ _____ _____ ready for any emergency. (be)
의사들: 우리는 어떤 응급 상황이라도 준비해야 한다.

14 A I have the hiccups.
B You _____ _____ _____ your breathing. (control)
A: 나 딸꾹질을 해. B: 너는 너의 호흡을 조절해야 해.

15 You _____ _____ _____ _____ too much. It may cause injury. (exercise)
너는 너무 과하게 운동하지 않아야 해. 부상을 일으킬 수 있어.

📋 **Vocabulary**

complete 완료된 | be ashamed of ~을 부끄러워하다 | ask for 요청하다 | permission 허락 | take in 섭취하다 | caffeine 카페인 |
restroom 화장실 | floor 바닥 | slippery 미끄러운 | sweet 단 음식 | emergency 응급 상황 | hiccup 딸꾹질 | breathing 호흡 |
injury 부상

12

had better

'~하는 게 더 좋다'라는 뜻이다. 보통 should나 ought to보다 더 강한 의미이다.

- **I don't feel well. I had better go home now.**
  난 몸이 좋지 않아. 지금 집에 가는 게 좋겠어.

- **You had better not tell her what you did last night.**
  네가 어젯밤에 무엇을 했는지 그녀에게 말하지 않는 게 좋겠다.

1 I had better not meet you.

2 You had better not drive fast because it's snowing.

3 You two had better not talk to each other for the moment.

4 You'd better watch out♪ You'd better not cry♬
You'd better not pout♪ I'm telling you why.

참고 Mariah Carey의 노래로 *Santa Claus Is Coming to Town*(울면 안 돼)의 가사입니다.

5 You had better not touch his smartphone. He will be mad.

6 You'd better do your homework while I'm showing my smiling face.

주의

7 Nobody likes you, so you had better not come to our party.
nobody는 3인칭 단수 취급해요.

Grammar ✓ Check

의미	긍정	부정
충고, 제안	had better + 동사원형	had better not + 동사원형

8 You'd better not throw away that cup, it might be useful.

9 It's a formal occasion, so you had better not wear jeans.

10 You had better unplug the iron before you clean it.

11 You'd better not go out in this hot weather. You're going to melt.

🔗 **12** "You are right, Jake. Andrew, you had better learn a lesson from the hero," the God added.

구문UP 주의 **Fill in the blanks using the given words.**

13 You'_____ _____ _____, or there will be no tacos left. (hurry)

명령을 나타내는 문장 다음에 or는 '그렇지 않으면'의 뜻이에요.

서두르는 게 좋을 거야, 아니면 남겨진 타코가 없을 테니까.

14 We'_____ _____ _____ _____ the start of his presentation.

(miss)

그의 발표의 시작을 놓치지 않는 게 낫겠다.

15 A You'_____ _____ _____ _____ Stuart now.

(talk to)

B Why?

A I don't know, but he is in a bad mood.

A: 지금은 Stuart와 말하지 않는 게 나을 거야.   B: 왜?   A: 몰라, 하지만 그는 기분이 안 좋아.

📑 **Vocabulary** ....

for the moment 당분간 | **pout** 뿌루퉁하다 | **touch** 건드리다, 만지다 | **mad** 화가 난 | **formal** 공식적인 | **occasion** 경우, 상황 | **unplug**
코드를 뽑다 | **lesson** 교훈 | **presentation** 발표 | **mood** 기분, 분위기

꼬리에 꼬리를 무는 문장 ❶

앞서 학습한 유닛에서 표시된 🔗 문장을 이으면
멋진 슈퍼 히어로 Andrew의 이야기가 펼쳐집니다!

안녕! 난 Andrew야. 내공의 신에게
힘을 받아 Flashman이 되었어.
앞서 공부한 문장 중에서 고리 표시
문장을 모으면 아주 흥미로운
이야기가 완성되지!
이 이야기만 외워도 이 책에서 배운
모든 문법을 알게 될 거야!

Read the following and answer the questions.

"This whole thing is not a dream. Am I right, Jake?" Andrew panted out.¹ "You just saved a lot of lives!" Jake answered.² The God of Inner Power said, "You are starting your grand journey to save mankind, Andrew!³ I was wondering how well you would respond to the emergency, but now I believe you will be a good hero.⁴ Just keep doing so, and you will become a great hero for everybody."⁵

[been, so, excited, Andrew, never, before, has].⁶ He said, "Now, I can visit my grandma with this new power. I haven't been able to see her for a long time because she lives far away."⁷ The God said, "I have just warned you about this, Andrew. Use your powers for other people, not for yourself.⁸ There was a villain. He destroyed my planet in another galaxy. So, my people have lost everything.⁹ He became evil because he would use his power for himself. Small or big... It doesn't matter. Don't use your power for yourself!"¹⁰ Jake said, "Andrew, you ought to use your power only for other people."¹¹ "You are right, Jake. Andrew, you had better learn a lesson from the hero," the God added.¹²

* 구문 활용 독해문장 뒤의 번호는 해당 문장이 삽입되어 있는 유닛입니다.

1 Choose the **wrong** word for the blank.

A It is going to rain. You _____ bring an umbrella.
B Okay, Mom.

① must ② may ③ should ④ had better ⑤ ought to

2 Which is **not** true about Andrew?

① He saved many people.

② He looks like a good hero.

③ He couldn't see his grandma often.

④ He can't use his power for himself.

⑤ He destroyed a planet in another galaxy.

3 Rearrange the given words in correct order.

Andrew는 이전에 그렇게 신났던 적이 없었다.

[been, so, excited, Andrew, never, before, has].

Vocabulary

whole 모든 | pant out ~을 헐떡거리며 말하다 | save 구하다 | grand 웅장한 | journey 여정, 여행 | mankind 인류 | make it 해내다, 성공하다 |
seem to ~처럼 보이다 | warn 경고하다 | had better ~하는 편이 좋을 것이다 | lesson 교훈

13

수동태의 기본형

주어가 동작을 받는 대상이 되어서 '~되다'라는 의미이다. 수동태의 기본형은 「주어 + be동사 + 과거분사 ~ by 행위자(목적격)」이며, be동사는 주어의 인칭과 시제에 따라 바뀐다.

U N I T

- **This poem is read by many people.**
  이 시는 많은 사람들에 의해 읽혀진다.

- **Is the Biennale held every two years?**
  비엔날레는 2년마다 열리니?

- **The macaroon was not made by a famous cook.**
  그 마카롱은 유명한 요리사에 의해 만들어지지 않았다.

---

1 The webtoon isn't updated every day.

주의

2 A Is German spoken (by people) in all European countries?
  행위자가 일반인이면 생략해요.

  B No, in six European countries.

3 All articles are proofread before publication.

4 A How often is the grass cut?   B Once a month, sir.

5 No masterpiece was ever created by a lazy artist.

6 Cape Town is visited by millions of people every year.

Grammar ✓ Check

평서문	주어 + be동사 + p.p. ~ (+ by 행위자).	
부정문	주어 + be동사 not + p.p. ~ (+ by 행위자).	
의문문	의문사가 없는 경우	be동사 + 주어 + p.p. (+ by 행위자)?
	의문사가 있는 경우	의문사 + be동사 + 주어 + p.p. (+ by 행위자)?
		By + 의문사 + be동사 + 주어 + p.p.?

7 In any case, private information should not be disclosed.

8 Sometimes our efforts are not fully appreciated.

(주의)
9 **By whom** are these reports reviewed at this news station?
의문사 who가 주어인 능동태를 바꾸면 By whom이 돼요.

10 A Do I also have to buy batteries?
　　 B Yes, you do. They are not included with the toy.

11 "When innocent people are given new powers, they sometimes use them for their own desires."

12 First the apples are picked, then they are cleaned, and finally they're packed and shipped to the market.

(구문UP)　**Fill in the blanks using the given words.**

13 This ice cream shop ＿＿＿＿＿ ＿＿＿＿＿ by a woman. (run)
이 아이스크림 가게는 한 여성에 의해 운영된다.

14 Sorry, but this item can't ＿＿＿＿＿ ＿＿＿＿＿ to your selected address. (ship)
죄송합니다만, 이 품목은 당신이 선택한 주소로 배송될 수 없습니다.

15 The names of the speech contest winners ＿＿＿＿＿ ＿＿＿＿＿ on the bulletin board. (post)
말하기대회 수상자들의 이름이 게시판에 게시되어있다.

💬 **Vocabulary** ⋯⋯⋯

webtoon 웹툰 | **updated** 업데이트하다 | **proofread** 교정을 하다(‑proofread‑proofread) | **masterpiece** 걸작 | **in any case** 어떤 경우에도 | **disclose** 누설하다 | **effort** 노력 | **appreciate** (진가를) 인정하다 | **report** 보도, 기사 | **include** 포함하다 | **innocent** 순진한, 순수한 | **desire** 욕망, 욕구 | **pick** 따다 | **pack** 포장하다 | **ship** 운송하다 | **run** 운영하다(‑ran‑run) | **item** 품목 | **select** 선택하다 | **bulletin board** 게시판

14

수동태의 시제

과거시제의 수동태의 형태는 「was/were + 과거분사」이다. 진행시제의 수동태는 「be + being + 과거분사」이며, 완료시제의 수동태는 「have/has + been + 과거분사」이다. 미래시제의 수동태는 「will + be + 과거분사」이다.

- **The picture was not drawn by Chris.**
  그 그림은 Chris에 의해 그려지지 않았다.

- **The classroom is being cleaned by Steve and Kate.**
  교실이 Steve와 Kate에 의해 청소되는 중이다.

1 Gravity was discovered by Isaac Newton.

2 Look! Your car is being towed away by the police.

3 Have all the carpets been sold by the salesperson?

4 The landfill will not be built near our town.

주의
5 Spanish is also spoken in Puerto Rico **(by people).**
행위자가 일반인이면 by+목적격을 생략해요.

주의
6 The windshield of my car was completely broken **(by someone).**
행위자가 불분명하면 by+목적격을 생략해요.

주의
7 Thousands of animals have been raised on the factory farms **(by farmers).**
행위자가 불필요하면 by+목적격을 생략해요.

⚞⟍⟍ Grammar ✔ Check ⟍⟍

인칭별 be동사 변화(과거)

과거시제	was/were + p.p.
진행시제	be동사 + being + p.p.
현재완료시제	have/has + been + p.p.
미래시제	will + be + p.p.

8 Why was the king chased out by his citizens?

9 A new school has been built by the local council.

10 Bride I don't know what to do for our wedding.
Groom Don't worry. All the reservations are being made by the wedding
planner.

11 The health condition of McBride is being monitored by doctors.

12 "At that moment, they have just been caught by an evil spirit, but they
can't even imagine so."

구문*UP* **Fill in the blanks using the given words.**

13 The milk _____ _____ yesterday morning. (deliver)
그 우유는 어제 아침에 배달되었다.

14 The eggs of penguins _____ _____ _____ _____ seagulls.
(threaten)
펭귄 알들이 갈매기들에 의해 위협을 받는 중이다.

15 Tanks _____ _____ _____ _____ armies all over the world
since World War I. (use)
1차 세계대전 이후로 전 세계에서 군대에 의해 탱크가 사용되었다.

📑 **Vocabulary**

gravity 중력 | **tow** 견인하다 | **salesperson** 판매원 | **landfill** 매립지 | **windshield** 자동차 앞 유리 | **completely** 완전히 | **thousands
of** 수천의 | **chase** 쫓다 | **citizen** 시민 | **local council** 지방 의회 | **reservation** 예약 | **condition** 상태 | **monitor** 관찰하다, 감시하다 |
spirit 기운, 영혼 | **imagine** 상상하다 | **deliver** 배달하다 | **threaten** 위협하다 | **seagull** 갈매기

15

UNIT

by 이외의 전치사를 사용하는 수동태

be surprised at(~에 놀라다), be interested in(~에 관심이 있다), be worried about(~에 대해서 걱정하다)과 같이 by 이외의 전치사를 쓰는 경우가 있다.

- **All the houses in the town were covered with white snow.**
  그 마을의 모든 집들이 흰 눈으로 덮였다.

- **Pedro is interested in economic issues.**
  Pedro는 경제 문제에 관심이 있다.

---

1 Why is my dog scared of fireworks?
  ↳ Don't take your dog to an event with a fireworks show. :)
  ↳ Turn on music and try to reduce the sound of the fireworks.

2 The stadium is crowded with excited spectators.

3 Michelle is worried about her son's stubbornness.

4 Dennis was pleased with his promotion.

주의
5 Tin foil isn't made of tin. It's made from aluminium.
  물리적 변화에는 of를 화학적 변화에는 from을 써요.

Grammar ✓ Check

be interested in	~에 관심이 있다	be dressed in	~을 입고 있다	be scared of	~에 겁먹다
be caught in	~에 갇히다	be made of/from	~로 만들어져 있다 (물리적/화학적 변화)	be pleased with	~에 기뻐하다
be surprised at[by]	~에 놀라다			be crowded with	~로 붐비다
be excited about	~에 흥분해 있다	be located in[at]	~에 위치하다	be tired of/from(with)	~에 질리다/지치다
be amazed at[by]	~에 놀라다	be disappointed at[in, with, by]	~에 실망하다	be known for	~로 유명하다
be satisfied with	~에 만족하다	be shocked at[by]	~에 놀라다	be known to	~에게 알려져 있다
be filled with	~로 가득 차다	be worried about	~에 대해 걱정하다	be known as	~로 알려져 있다
be married to	~와 결혼하다	be covered with	~로 덮여 있다	be known by	~로 알 수 있다

6 Akiko's parents were embarrassed because she was married to an American.

7 The department store is filled with toys for the holiday sale.

8 The Everest expedition has been caught in a snow storm for three days.

9 Nana was amazed at the change in the children over the last few months.

10 Were you tired of the same old office politics and colleagues?
be tried from '~에 지치다'와 구분해야 해요.

11 "So Andrew, be careful when you are filled with the desire to use your powers for yourself, okay?"

12 New Zealand is known as heaven on earth. It is also known to almost everybody. It is best known for its beautiful scenery.

구문UP Fill in the blanks using the given words.

13 He _____ _____ _____ the loss of his favorite baseball team. (shock)
그는 그가 좋아하는 야구팀의 패배에 충격을 받았다.

14 The Galapagos Islands _____ _____ _____ 906 km west of Ecuador.
(locate)
갈라파고스 군도는 에콰도르에서 서쪽으로 906km에 위치한다.

15 Malcolm X _____ _____ _____ the situation of African Americans.
(satisfy)
Malcom X는 아프리카계 미국인들의 상황에 만족해하지 않았다.

Vocabulary

economic 경제의 | fireworks 불꽃놀이 | reduce 줄이다 | crowd 가득 메우다 | spectator 관중 | stubbornness 완고, 완강 | promotion 승진 | embarrassed 당황스러운 | expedition 원정대, 탐험 | tin foil 은박지 | heaven 낙원, 천국 | scenery 풍경 | loss 패배 | situation 상황

UNIT 16

동사 + 목적어 + to부정사

want(= would like), ask, advise, tell, allow, expect, cause, order, promise 등의 동사의 목적어 뒤에 목적격 보어로 to부정사가 온다.

- **The teacher doesn't want the children to be late.**
  그 선생님은 그 어린이들이 늦기를 원하지 않으신다.
- **The policeman ordered the driver to stop.**
  그 경찰관은 그 운전자에게 멈추라고 명령했다.

1 Tony wants his dad to play with him.

2 My grandmother told me to cook multi-grain rice.

3 We asked our coach to shorten the practice time.

4 The soldier promised his family to come back alive.

5 Who taught you to hate the color of your skin?

6 Betty finally allowed her younger sister to enter her room.

7 My father always advised me to be modest to everybody.

8 The black ice on the road caused the car to spin around.

Grammar Check

문장성분	주어	동사	목적어	목적격 보어 (to부정사)
해석	~은/는/이/가	~하다	…은/는/이/가	하기를/하도록/할 거라고
해석 순서	①	④	②	③

9 I didn't expect her to forgive me, but she did so easily. I feel more scared.

10 The boss requires all employees to arrive early and leave late.

⊘ **11** Andrew answered, "Yes, I understand. I promise my power to be used only to help other people."

12 Dad Son, I'd like you to be a pro-gamer.

　　 Son Dad, please let me be a doctor.

　　 Dad Do not talk back constantly. Become a first class pro-gamer.

구문UP 주의 **Fill in the blanks using the given words.**

13 A What _____ you _____ me _____ _____ for you? (do)

　　 B Just look at me in the eyes.

　　　　　　'보다'류의 동사는 '목적격 in the 신체부위' 형태로 써요.

A: 제가 당신을 위해 무엇을 하길 원하시나요?　 B: 그냥 제 눈을 바라봐주세요.

14 The mentor _____ us _____ _____ _____ _____ too proud of ourselves. (be)

그 멘토는 우리에게 너무 자만하지 말라고 충고했다.

15 I _____ you _____ _____ on and _____ my life as soon as possible. (come, save)

나는 가능한 빨리 당신이 와서 나의 생명을 구하길 원해요.

📑 **Vocabulary** ⁞⁞⁞

multi-grain rice 잡곡밥 | **shorten** 줄이다 | **skin** 피부 | **black ice** 블랙아이스, 도로 위 빙판 | **spin around** 빙글 돌다 | **expect** 기대하다 |
forgive 용서하다 | **require** 요구하다 | **constantly** 꼬박꼬박; 꾸준히 | **first class** 일류의 | **proud** 자만하는

17

UNIT

목적어로 쓰인 to 부정사

want, hope, plan, decide, expect, agree 등의 동사는 뒤에 목적어로 to부정사가 뒤따른다.

- **When did you decide to become a dancer?**
  언제 무용수가 되기로 결심했니?

- **Alice and her friends want to buy flowers.**
  Alice와 그녀의 친구들은 꽃들을 사기를 원한다.

주의
1 Everybody **likes** to have fried chicken with cola.
   like는 동명사 또한 목적어로 쓸 수 있다.

2 A How's the main actor?
   B We began to find a new actor.

3 They planned to go on a trip to Philadelphia for Christmas.

4 He doesn't love to dance with his new partner.

5 He managed to open the door without the key.

6 Professor How many of you want to attend a lecture on Fridays?
   Student Not me.
   Professor Not me, either.

7 Hey! You really expected to get a promotion. Congrats!

Grammar ✔ Check

주어	동사	준동사 목적어의 형태
명사	want, hope, plan, decide, expect, agree 등	to ⓥ ~~ⓥing~~

8 A Did he really learn to make panini at home?

B Yes, I already had a piece. It was fantastic.

주의
9 Mija pretended to be a student **in order to** get a student discount.

부사적 용법의 목적을 확실히 표현할 때 so as to와 같이 쓰여요.

10 Mandy promised to take care of our cat while we are on vacation.

주의
11 A Have you made up your mind yet?

B Yes, I choose **not to** accept the management position in Jakarta.

to부정사의 부정은 not[never] to 동사원형으로 써요.

12 "That's my friend! I'll continue to watch over you to make sure you don't use your new powers for yourself," Jake said.

구문UP **Fill in the blanks using the given words.**

13 The Little Prince wanted _____ _____ a big smile to his flower. (give)

어린왕자는 그의 꽃에게 함박웃음을 지어주고 싶었다.

14 Edward decided _____ _____ _____ economics in Toronto. (study)

Edward는 토론토에서 경제학을 공부하지 않기로 결심했다.

15 I agree _____ _____ this apartment for one year. How much is the deposit? (rent)

1년간 이 아파트 임대하는 것에 동의해요. 보증금이 얼마죠?

📝 **Vocabulary**

get a promotion 승진하다 | **panini** 파니니(이탈리아 빵의 하나) | **make up one's mind** 결정하다 | **choose** 선택하다(-chose-chosen) | **accept** 수락하다 | **management** 경영 | **position** 자리 | **watch over** 지켜보다 | **economics** 경제학 | **deposit** 보증금

18

UNIT

보어로 쓰인 to 부정사

be동사 다음에 to부정사가 와서 '~이다'라는 뜻으로 쓰인다. 주어를 보충 설명해주는 보어 역할을 한다.

- **To see is to believe.**
  보는 것이 믿는 것이다.

- **My dream is to speak four languages.**
  내 꿈은 4개 국어를 말하는 것이다.

1   The point of the game is to bust ghosts.

2   His goal is to win an Olympic gold medal.

3   Catherine's wish is to go back to France someday.

4   Hyerim likes origami. Her hobby is to make paper swans.

5   A What's a good book?
    B I believe that a good book is to make people think.

6   My mission here is to protect this castle to the end, Your Highness.

7   A What was your New Year's resolution?
    B It was to lose some weight...

Grammar ✅ Check

용법	형태	의미
명사적 용법	보어	~하는 것이다, ~하기이다

8 The God said, "To keep your word is to be a good hero."

9 The fastest way to get to Mara Island is to travel with your best friend.

10 Real knowledge is to know the extent of one's ignorance. – Confucius

11 The purpose of this meeting is to stop global warming.

12 Today's homework is to watch a documentary about water shortages.

구문UP **Fill in the blanks using the given words.**

13 The singer's dream _____ _____ _____ the world a better place.
   (be, make)

   그 가수의 꿈은 세상을 더 좋은 곳으로 만드는 것이었다.

14 Mr. Jin's goal _____ _____ _____ one of the medical schools in Korea. (be, enter)

   진 씨의 목표는 한국에 있는 의대 중 한 곳에 들어가는 것이다.

15 Our plan _____ _____ _____ new species of animals in the Amazon Rainforest. (be, discover)

   우리의 계획은 아마존 열대우림에서 새로운 종의 동물을 찾는 것이다.

📝 **Vocabulary**

bust 때려잡다 | origami 종이접기 | paper swan 종이 백조(종이 학) | Your Highness 전하 | New Year's resolution 새해 결심 | lose weight 살을 빼다 | extent 정도 | ignorance 무지 | global warming 지구 온난화 | shortage 부족

19

U N I T

주어로 쓰인 동명사

문장의 앞에 동명사가 주어로 쓰이면 '~하는 것은', '~하기는'으로 해석이 된다.

- **Making a lot of friends is important.**
  많은 친구를 사귀는 것은 중요하다.
- **Speaking in Chinese is hard at first.**
  중국어를 말하는 것은 처음에는 어렵다.

---

1 Taking a cold shower makes me feel refreshed.

2 Stop, children! Jaywalking is very dangerous!

3 A Playing games is addictive.

   B So are you. :)   주어가 동명사이므로 단수동사를 써야 해요.

   SO 조동사 주어로 '주어도 그러하다'의 뜻이에요.

4 Working overtime is quite common in this company.

   To walk으로 써도 문법적으로 옳으나 주어로는 동명사를 더 많이 써요.

5 A Speaking in front of a crowd is difficult.

   B Don't be nervous.

6 A Do you like spending time with Sarah?

   B Not really. Talking with her is so boring.

))))) Grammar ✅ Check)))))))))))))))))))))))))))))))))))))))

역할	의미
주어	~하는 것은[이] ~하기는[가]

46

주의

7 Italian thief Stealing tourists' wallets is my job.

복수형 어미 -s로 끝나면 '만 붙여서 소유격을 나타내요.

8 A Does taking a nap help get rid of dark circles?
  B Dark circles are not caused by tiredness.

9 Thinking differently is essential for designers.

10 Learning Spanish is not so difficult after learning Italian.

11 "Keeping the promise will not be easy, but remember this. The villain also exploded when my planet was destroyed."

12 Traveling around the world requires a lot of time and money.

구문UP Fill in the blanks using the given words.

13 _____ for others is rewarding. (cook)

다른 사람들을 위해 요리하는 것은 보람 있다.

14 _____ ice cream on a windy day _____ a messy experience. (eat, be)

바람 부는 날 아이스크림을 먹는 것은 엉망인 경험이다.

15 _____ the right thing _____ really different from _____ the right thing. (know, be, do)

옳은 일을 아는 것은 옳은 일을 하는 것과 정말 다르다.

📋 **Vocabulary** ⫶⫶

refreshed 개운한 | **jaywalk** 무단횡단하다 | **addictive** 중독성 있는 | **nervous** 긴장하는 | **nap** 낮잠 | **get rid of** 없애다 | **essential** 필수적인 | **explode** 폭발하다 | **require** 요구하다 | **rewarding** 보람 있는 | **messy** 엉망인

20

UNIT

목적어로 쓰인 동명사

enjoy, finish, mind, avoid, admit, deny, put off, give up 등의 동사는 뒤에 목적어로 동명사를 사용한다.

- **Would you mind opening the window please?**
  창문 좀 열어 주시겠어요?

- **Have you finished using the computer?**
  컴퓨터 사용하는 것을 끝마쳤니?

1 I'll let you in when I finish working.

2 A What is wrong with your computer?
　 B It keeps shutting down.

3 Models practice walking with a book on their heads.

4 Matt had to quit jogging after he hurt his knee.

5 Taru imagined lying on a tropical beach under a palm tree.
　　　　　lie에 ing가 오면 lying이라고 써요.

6 A Do you mind stepping back a little?　B Of course not.
　　　　　　　　　　mind가 '꺼려하다'는 의미이므로 긍정의 대답이에요.

7 The teachers dislike looking at each other. I know why.
　　　　　like는 to부정사와 동명사를 목적어로 취하지만 dislike은 동명사만 목적어로 취해요.

Grammar ✓ Check

동사	목적어
enjoy, finish, mind, avoid, admit, deny, put off, give up 등	ⓥing ~~to ⓥ~~

8 She gave up being a double agent and became a nun.

gave up과 병렬구조이므로 becoming을 쓰면 안돼요.

9 He stopped **drinking** for his daughter and started looking for a job.

'~하기 위하여'의 목적을 나타내는 『stop to 동사원형』과는 구별해야 해요.

10 Life isn't about finding yourself. It's about creating yourself.

– George Bernard Shaw

11 She wants to travel because she enjoys **meeting** people and **seeing** new places.

meeting과의 병렬구조이므로 sees를 쓰면 안돼요.

12 "Avoid paying attention to your desires and enjoy helping other people."
The God disappeared again after saying this.

구문UP Fill in the blanks using the given words.

13 See? I finally _____ _____ one liter of ice cream! (eat)

봤지? 나 마침내 아이스크림 1리터 먹는 것을 끝냈어!

14 My friends suddenly _____ _____ when I entered the café. (talk)

내 친구들은 내가 카페에 들어갔을 때 갑자기 이야기하는 것을 멈췄다.

15 Teacher This was your fault. You can't _____ _____ the restroom
as a penalty. (clean)

선생님: 이것은 너의 잘못이었다. 너는 벌로 화장실 청소하는 것을 피할 수 없어.

📑 **Vocabulary**

shut down 정지하다 | **tropical** 열대의 | **palm tree** 야자수 | **mind** 언짢아하다, 상관하다 | **double agent** 이중스파이 | **nun** 수녀 | **pay attention** 관심을 기울이다 | **disappear** 사라지다 | **fault** 잘못

21

보어로 쓰인 동명사

주어를 보충 설명해주는 주격 보어로 사용된다.

- **Mina's hobby is collecting old toys.**
  미나의 취미는 오래된 장난감들을 수집하는 것이다.
- **Loving is giving and taking.**
  사랑하는 것은 주고 받는 것이다.

1 My father's job is fixing computer bugs.

2 Josh's wish is living for 100 years.

3 One of his life goals is being a millionairess's husband.
주어가 one이므로 단수동사를 써요.

4 Erin's task is taking care of sick animals.

5 My role is serving the handicapped.
the+형용사는 '~한 사람들'으로 쓰여요.

6 My greatest fear was finding a snake in my sleeping bag.
현재분사로 쓰이는 진행형과 헷갈리면 안돼요.

7 His least favorite chore is vacuuming on Sundays.

Grammar ✔ Check

역할	의미
보어	~하는 것이다, ~하기이다

8 My dream is watching a World Cup Final in person.

9 Your mistake was believing what she told you.

10 A So our new Miss World, what is your dream?
   B My dream is creating world peace.

11 Love is not just looking at each other, it's looking in the same direction.
   – Saint Exupery

12 From that day, Andrew's goal has become protecting and helping other people with his new superpowers.

구문UP Fill in the blanks using the given words.

13 My job _____ _____ goals and _____ assists. (be, score, give)
   나의 일은 골을 넣고 어시스트를 하는 것이다.

14 Selena's homework _____ _____ a landscape. (be, draw)
   Selena의 숙제는 풍경을 그리는 것이다.

15 My happiness _____ _____ about you 24/7. (be, think)
   나의 행복은 언제나 너에 대해 생각하는 것이야.

💬 **Vocabulary** ....

collect 수집하다 | fix 고치다 | bug 버그, 오류 | millionairess 여성 백만장자 | task 업무 | take care of ~를 보살피다 | handicapped
장애가 있는 | fear 두려움 | chore 일 | vacuum 진공청소하다 | direction 방향 | protect 보호하다 | score 점수를 내다 | assist 도움,
어시스트 | 24/7 언제나, 7일 24시간

22

UNIT

전치사의 목적어로 쓰인 동명사
전치사의 목적어로 동명사가 사용된다.

- **Cindy is really poor at cooking.**
  Cindy는 요리를 정말 못한다.

- **I am looking forward to seeing you.**
  난 너를 만나기를 학수고대하고 있어.

1 Excuse me for bothering you.

2 She felt like having a cool glass of lemonade.

주의
3 I am ashamed of not trying to be the best.
동명사의 부정은 동명상 앞에 not을 써요.

4 Sarah wasn't good at playing the violin, but she never gave up.

주의
5 On seeing each other yesterday, we both started crying.
As soon as we saw로 바꿀 수 있어요.

6 The monsoon prevented us from completing the construction.

주의
7 Ms. Callahan was responsible for making the firm successful.
목적어를 수식하므로 부사를 쓰면 안돼요.

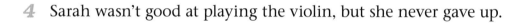

Grammar ✓ Check

thank A for -ing	~에 대해 A에게 감사하다	be good at -ing	~을 잘하다
be responsible for -ing	~에 책임이 있다	be worried about -ing	~에 대해 걱정하다
dream of -ing	~을 꿈꾸다	think of -ing	~하는 것에 대해 생각하다
talk about -ing	~에 대해 말하다	look forward to -ing	~을 고대하다
feel like -ing	~하고 싶다	on -ing	~하자마자
be used[accustomed] to -ing	~에 익숙해져 있다	prevent A from -ing	A가 ~하는 것을 못하게 하다

8 Thank you all for paying attention to my announcement.

9 Indonesian people are excited about going on Eid al-Fitr holiday.

주의
10 Yann is from Finland, so he's used to living in very cold places.

be used to 동사원형 '~하기 위해 사용되다'와 구분해야 해요.

11 The principal told the joke without laughing during the morning assembly.

12 One morning, Andrew was waiting for the train to school and reading the newspaper. Flashman's picture of saving people appeared on the front page.

구문UP Fill in the blanks using the given words.

13 My mom _____ _____ _____ _____ my brother.
(see)
나의 엄마는 내 남동생을 보기를 학수고대하고 있다.

14 Aisha _____ _____ _____ a cabin near the beach. (buy)
Aisha는 해변 근처의 오두막집을 사는 것을 꿈꾸었다.

15 Josh _____ _____ _____ _____ _____ _____ early in the morning. (get up)
Josh는 아침 일찍 일어나는 것에 익숙하지 않다.

📝 **Vocabulary**

bother 방해하다 | **be ashamed of** ~을 부끄러워하다 | **monsoon** 장맛비 | **complete** 완료하다 | **construction** 공사 | **firm** 기업 회사 | **pay attention to** ~에 집중하다 | **announcement** 발표 | **Idul Fitri** 인도네시아에서 금식기간이 끝나는 날의 축제 | **principal** 교장 선생님 | **morning assembly** 아침 조회 | **appear** 나타나다, 등장하다 | **cabin** 오두막집

현재분사

현재분사는 '~하고 있는'의 의미로, 명사의 앞이나 뒤에서 명사를 수식하는 형용사 역할을 한다. 단독으로 수식하면 명사 앞에, 뒤에 다른 어구들을 동반하면 뒤에서 수식한다.

- **The sleeping cat is very cute.**
  자고 있는 고양이는 매우 귀엽다.

- **People living in the city don't know rural pleasure.**
  도시에 살고 있는 사람들은 시골의 즐거움을 모른다.

1 This movie is full of surprising stories.

주의

2 The woman (who is) cooking pasta is my sister.
  주격관계대명사와 be동사가 생략되어 있어요.

3 Timothy showed me a picture of a sleeping panda.

4 The policeman riding a Segway smiled at her.

5 A Who's the girl swimming in the video?
  B That's your wife from twenty years ago, Dad.

주의

6 It's weird watching people watching me.
  앞의 watching은 동명사이고 뒤는 현재분사예요.

7 Look at the dragonflies flying around us. Let's catch them!

Grammar ✔ Check

형태	의미			단독 수식	현재분사 + 명사
-ing	능동: ~하는	진행: ~하고 있는		어구 수식	명사 + 현재분사구

8 The smell of burning leaves stirs memories of his childhood.

9 **Baby** Mom, Look! The flying birds look so free.
Mom Yes, but they look so dirty.

10 The train coming into the station sounded a little strange.

11 Learning a language seems to be a never-ending process.

12 Hannah is a really interesting woman. She's lived all over the world and speaks five languages.

구문UP **Fill in the blanks using the given words.**

13 _____ dogs seldom bite. (bark)
짖는 개는 좀처럼 물지 않는다.

14 We saw many girl students _____ songs in the park. (practice)
우리는 공원에서 노래 연습을 하고 있는 많은 여학생들을 봤다.

15 There are a lot of people _____ in line to enter the stadium. (wait)
경기장에 들어가려고 줄에서 기다리는 많은 사람들이 있다.

📄 **Vocabulary**

rural 시골의 | **pleasure** 즐거움 | **be full of** ~으로 가득 차다 | **weird** 이상한 | **stir** 자극하다, 마음을 흔들다 | **childhood** 어린시절 | **station** 역 | **strange** 이상한 | **never-ending** 끝이 없는 | **process** 과정 | **seldom** 좀처럼 ~않는 | **stadium** 경기장

24

현재분사 vs. 동명사

현재분사와 동명사는 형태가 같지만 역할은 다르다. 현재분사는 명사를 수식하는 형용사 역할을 하며, 동명사는 뒤에 있는 명사의 용도를 나타낸다.

- **The sleeping puppy looks so peaceful.**
  현재분사 자고 있는 강아지는 매우 평화로워 보인다.
- **Bora wants to buy a house with a swimming pool.**
  동명사 보라는 수영장이 있는 집을 사기를 원한다.

1 Walking is a great form of exercise.

2 He is walking on pins and needles.

3 Nina dived into the swimming pool.

4 He waved to the swimming child.

5 Listening to classical music makes me relaxed.

6 Joan is listening to classical music to be relaxed now.

7 Using chopsticks is never easy for babies.

8 Those Western people are using chopsticks.

////// **Grammar** ✓ **Check** |||||||||||||||||||||||||||||||||||||||||||||||||||||||||||||||

	역할	해석
현재분사	형용사(동작, 상태)	～하는, ～하고 잇는
동명사	명사(용도, 목적)	～하는 것, ～하기

9   Living in New York is exciting but expensive.

10   Lisa is living in New York now because of her job.

11   I love dancing teddy bears. They are dancing gracefully.

12   The running train was shaking a lot because its rails were being destroyed by a strange man wearing a black suit.

구문UP   **Write Gerund(동명사) or Present Participle(현재분사).**

13   His job is <u>driving</u> a taxi.
그의 직업은 택시를 운전하는 것이다.

14   He was <u>driving</u> a taxi to Goyang Sports Complex.
그는 고양 종합 운동장으로 택시를 운전하고 있었다.

15   An old man was 1) <u>walking</u> with a 2) <u>walking</u> stick in his hand.
한 노인이 손에 지팡이를 가지고 걷고 있었다.

📰 Vocabulary

peaceful 평화로운 | **form** 형태 | **on pins and needles** 초초하게 | **relaxed** 편안한 | **teddy bear** 곰인형 | **gracefully** 우아하게 |
shake 흔들리다 | **destroy** 파괴하다 | **sports complex** 종합 운동장

25

과거분사

과거분사는 '~된'의 의미로, 명사의 앞이나 뒤에서 명사를 수식하는 형용사 역할을 한다. 단독으로 수식하면 명사 앞에, 뒤에 다른 어구들을 동반하면 명사 뒤에서 수식한다.

U N I T

- **We visited the destroyed city soon after the earthquake.**
  우리는 지진 바로 후에 파괴된 도시를 방문했다.

- **The coffee cup made in France is expensive.**
  프랑스에서 만들어진 그 커피 잔은 비싸다.

1 She always eats boiled eggs for breakfast.

2 That is the only cup designed by her.

3 The doctor examined my broken arm.

주의

4 The interview (which was) planned for today is delayed to Friday.
주격관계대명사와 be동사가 생략되어 있어요.

5 This meeting is for students interested in driverless cars.

6 The irritated kid started tugging at his bow tie.

Grammar ✓ Check

형태	의미		단독 수식	과거분사 + 명사
-ed (또는 불규칙 변화)	수동: ~되는, ~지는	완료: ~한	어구 수식	명사 + 과거분사구

7   Doctor1 How's the boy taken to the emergency room doing?
      Doctor2 Well, he's getting better.

8   The song sung last night is still in my head.

9   The battle fought at this place was significant.

10   The picture stolen from a museum was sold on Amazon last night.

11   We visited the temple in China **built** 500 years ago.
                   China가 아니라 temple을 꾸며줘요.

12   The odd man was on the track. The strong energy from him was the reason for the broken track!

구문UP   Fill in the blanks using the given words.

13   I don't want to eat this _____ toast! Make it again! (burn)
      저는 이 탄 토스트를 먹고 싶지 않아요! 다시 만드세요!

14   The experiment _____ by Han and June was very successful. (conduct)
      Han과 June에 의해 수행된 실험은 매우 성공적이었다.

15   The room _____ for you isn't ready yet, so please wait a little while.
      (reserve)
      여러분들을 위해 예약된 방이 아직 준비가 되지 않았으므로, 잠시만 기다려 주십시오.

📑 **Vocabulary**

destroy 파괴하다 | **boil** 삶다 | **examine** 검진하다, 검사하다 | **interview** 면접 | **delay** 지연하다 | **irritated** 짜증이 난 | **tug** 잡아당기다 | **bow tie** 나비넥타이 | **significant** 중요한, 뜻 깊은 | **odd** 이상한 | **track** (열차의) 선로 | **conduct** 수행하다 | **reserve** 예약하다 | **a little while** 잠시

26

UNIT

분사형용사(감정형용사)

감정 관련 동사가 명사를 수식하거나 설명을 할 때, 그 명사가 감정을 일으키는 주체이면 현재분사를, 감정을 받는 대상이면 과거분사를 사용한다.

- **The movie was disappointing.**
  그 영화는 실망스러웠다.

- **Susan was bored because her job was boring.**
  Susan은 그녀의 일이 지루했기 때문에 따분했다.

1   I'm annoyed by his rude behavior.

2   Ted's continuous questions were a little tiring.

3   The accident at the conference was shocking.

4   Are you feeling frustrated in your present job?

Grammar ✓ Check

구분		의미		수식의 대상	
현재분사(-ing)		~하는, ~하고 있는		주로 사물, 사람	
과거분사(-ed)		~되는, ~지는		주로 사람	

동사		현재분사		과거분사	
annoy	짜증나게 하다	annoying	짜증 나게 하는	annoyed	짜증난
embarrass	당황시키다	embarrassing	당황시키는	embarrassed	당황한
bore	지루하게 하다	boring	지루하게 하는	bored	지루한
please	기쁘게 하다	pleasing	기쁘게 하는	pleased	기쁜
satisfy	만족시키다	satisfying	만족시키는	satisfied	만족한
confuse	혼란시키다	confusing	혼란시키는	confused	혼란된
disappoint	실망시키다	disappointing	실망시키는	disappointed	실망한
frighten	겁먹게 하다	frightening	겁을 주는	frightened	겁먹은
shock	충격을 주다	shocking	충격을 주는	shocked	충격받은
surprise	놀라게 하다	surprising	놀라게 하는	surprised	놀란
amaze	놀라게 하다	amazing	놀라운	amazed	놀란
depress	우울하게 하다	depressing	우울하게 하는	depressed	우울한
frustrate	좌절시키다	frustrating	좌절시키는	frustrated	좌절된
tire	피곤하게 하다	tiring	피곤하게 하는	tired	피곤해진
touch	감동시키다	touching	감동적인	touched	감동한

5 A Have you ever heard her speech about her childhood?

B Yes. It's so touching.

6 Some people are never satisfied with anything.

7 I'm pleased to hear your grandmother is feeling better.

8 This weather is depressing! Is it ever going to stop raining?

9 It's frightening to think the flood could happen again.

10 William was shocked when his friend admitted stealing some money.

11 Parents are sometimes embarrassed when their children act badly in public.

🔗 **12** Andrew was confused by the scene because the man in a black suit also seemed to have a kind of superpower.

구문**UP** **Fill in the blanks using the given words.**

13 The South American food festival was so _____. (amaze)

남미 음식 축제는 정말 대단했다.

14 The difference between the words 'borrow' and 'lend' is _____. (confuse)

'borrow(빌리다)'와 'lend(빌려주다)'라는 단어 사이의 차이점은 헷갈린다.

15 Derek's grades were _____, but his mother was not _____. (disappoint)

Derek의 성적은 실망스러웠지만, 그의 엄마는 실망하지 않았다.

💬 **Vocabulary** ‖‖‖

rude 무례한 | **behavior** 행동 | **continuous** 계속되는 | **conference** 회의 | **flood** 홍수 | **admit** 인정하다 | **in public** 공공장소에서 |
borrow 빌리다 | **lend** 빌려주다 | **confusing** 혼동스러운, 당황하게 하는 | **grades** 성적

27

UNIT

분사구문

분사구문은 분사를 이용하여 접속사가 있는 문장을 간단하게 구로 줄여 쓴 것을 말한다. 분사구문을 만드는 순서는 다음과 같다.
① 접속사 생략 ② 주절의 주어와 같으면 주어 생략 ③ 동사를 현재분사로 ④ 주절은 그대로 사용

- **Arriving at her office, we found her sick.**
  그녀의 사무실에 도착한 후, 우리는 그녀가 아픈 것을 발견했다.

- **Knowing her sister, I wanted to help her.**
  그녀의 여동생을 알고 있어서, 난 그녀를 돕고 싶었다.

1 Smiling brightly, the lady punched me hard.

2 Being sick, I didn't go to hospital.

3 Shouting angrily, the woman chased the thief.

4 Waiting in the hall, she overheard a conversation.

5 Knowing that his mother was coming, Ryan turned the computer off.

6 Turning left, you will find the Darakwon building on your right.

주의
7 (Being) invited to the farewell party, she did not come.
Being은 생략할 수 있어요.

Grammar ✓ Check

8 Exhausted from the hike, Tim dropped to the ground.
Being이 생략 되어서 과거분사만 남았어요.

9 Marco was putting his baby to sleep, playing the piano.

10 Surprised to find my lost dog again, I couldn't stop crying.

11 Trying his best, Aidan couldn't break his personal best record.

12 Using his superpowers, Andrew changed his clothes to his Flashman suit in a flash.

구문UP **Fill in the blanks using the given words.**

13 _____ his promise, Keith returned home late. (forget)
그의 약속을 까먹었기 때문에 Keith는 집에 늦게 돌아왔다.

14 Dwight is at the office, _____ his clients discount coupons. (e-mail)
Dwight는 고객들에게 할인 쿠폰들을 이메일로 보내면서 사무실에 있다.

15 _____ an only child, I didn't want to have any siblings. (be)
외동이었을 지라도 나는 형제자매들을 가지는 것을 원하지 않았다.

📋 **Vocabulary**

punch 주먹으로 때리다 | **hall** 복도 | **overhear** 엿듣다(–overheard–overheard) | **farewell** 작별 | **exhausted** 기진맥진한 | **hike** 장거리 도보 여행 | **personal** 개인의 | **record** 기록 | **in a flash** 순식간에, 눈 깜짝할 사이에 | **discount** 할인 | **sibling** 형제자매

꼬리에 꼬리를 무는 문장 ❷

앞서 학습한 유닛에서 표시된 🔗 문장을 이으면
멋진 슈퍼 히어로 Andrew의 이야기가 펼쳐집니다!

Read the following and answer the questions.

"When innocent people are given new powers, they sometimes use them for their own desires.¹³ At that moment, they have just been caught by an evil spirit, but they can't even imagine so.¹⁴ So Andrew, be careful when you are filled with the desire to use your powers for yourself, okay?"¹⁵ Andrew answered, "Yes, I understand. I promise my power to be used only to help other people."¹⁶ "That's my friend! I'll continue to watch over you to make sure you don't use your new powers for yourself," Jake said.¹⁷ The God said, "To keep your word is to be a good hero.¹⁸ Keeping the promise will not be easy, but remember this. The villain also exploded when the planet was destroyed.¹⁹ Avoid paying attention to your desires and enjoy helping other people." The God disappeared again after saying this.²⁰ From that day, Andrew's goal has become protecting and helping other people with his new superpowers.²¹

One morning, Andrew was waiting for the train to school and reading the newspaper. Flashman's picture of saving people appeared on the front page.²² [sounded, train, station, the, a little, coming, The, strange, into].²³ The running train was shaking a lot because its rails were being destroyed by a strange man wearing a black suit.²⁴ The odd man was on the track. The strong energy from him was the reason for the broken track!²⁵ Andrew was ____(A)____ by the scene because the man in a black suit also seemed to have a kind of superpower.²⁶ Using his superpowers, Andrew changed his clothes to his Flashman suit in a flash.²⁷

* 구문 활용 독해문장 뒤의 번호는 해당 문장이 삽입되어 있는 유닛입니다.

1　**Which is the correct word for the definition?**

> To pass out of sight

① rush　　② shake　　③ change　　④ disappear　　⑤ explode

2　**Which is the best word for the blank (A)?**

① tired　　② excited　　③ pleased　　④ interested　　⑤ confused

3　**Rearrange the given words in correct order.**

역으로 들어오는 그 열차는 약간 이상한 소리가 났다.

[sounded. train, station, the, a little, coming, The, strange, into].

Vocabulary

innocent 순진한 순수한 │ **desire** 욕망, 욕구 │ **spirit** 기운, 영혼 │ **imagine** 상상하다 │ **control** 통제하다, 조종하다 │ **watch over** 지켜보다 │ **explode** 폭발하다 │ **destroy** 파괴하다 │ **pay attention** 관심을 기울이다 │ **disappear** 사라지다 │ **protect** 보호하다 │ **appear** 나타나다, 등장하다 │ **station** 역 │ **strange** 이상한 │ **shake** 흔들리다 │ **beneath** ～의 바로 아래에 │ **track** (열차의) 선로 │ **reason** 이유 │ **confuse** 혼동시키다, 혼란을 주다 │ **scene** 장면 │ **in a flash** 순식간에, 눈 깜짝할 사이에 │ **rush** 돌진하다

28

UNIT

who

관계대명사는 접속사와 대명사 역할을 하며 관계대명사 절은 선행사를 수식한다. 선행사가 사람일 때 주격은 who를, 소유격일 때는 whose를, 목적격일 때는 who(m)을 사용한다.

- **A vet is a doctor who treats animals.**
  수의사는 동물들을 치료하는 의사이다.
- **He is the part-timer whom I will interview this afternoon.**
  그는 내가 오늘 오후에 면접 볼 아르바이트생이다.

1 I have a friend who worries me.

2 He met the woman whose first name is Carmen.

3 My friend whom I haven't seen for 10 years is here.

4 He doesn't like a person who is too silent.

주의
5 The woman who(m) my brother loves is from Nagasaki.
whom은 who로 쓸 수도 있어요.

6 I have a neighbor whose garden is full of sunflowers.

주의
7 The police arrested a man (whom) Jay traded items with.
목적격 관계대명사는 생략가능해요.

Grammar ✓ Check

선행사	주격 (+ 동사)	목적격 (+ 주어 + 동사)	소유격 (+ 명사 + 동사)
사람	who	who(m) (생략가능)	whose

8 I took a picture of the man (who is) wearing a kilt.

관계대명사 주격과 be동사는 생략할 수 있어요.

9 A Isn't that the man whose brother is a famous pianist?
B Yes, he will give a concert soon.

10 Don't trust the person who has broken faith once. – William Shakespeare

11 My uncle who knows everything about computers will certainly be able to help you.

12 The people who were on the train were facing a huge accident because the train was out of control.

구문UP **Fill in the blanks with *who*, *whose*, or *whom*.**

13 A Is that boy _____ head is shaved Sam?
B OMG, you're right! He is completely bald now.

A: 머리를 민 저 남자애가 Sam이니?　B: 세상에, 맞아! 그는 이제 완전 대머리야.

14 They recognized the boy _____ they met yesterday.

그들은 어제 만났던 그 소년을 알아보았다.

15 Only people _____ are at least 130 centimeters tall can ride this roller coaster.

키가 적어도 130cm인 사람들만 이 롤러코스터를 탈 수 있습니다.

📖 **Vocabulary**

vet 수의사 | **treat** 치료하다 | **silent** 조용한 | **arrest** 체포하다 | **trade A with B** A와 B를 거래하다 | **kilt** 킬트(스코틀랜드의 전통 남성 치마) | **certainly** 분명히 | **face** 직면하다 | **out of control** 조종 불가 상태의 | **shave** 면도하다 | **OMG** 어머나! Oh my god의 약자 | **bald** 대머리의 | **recognize** 알아보다 | **height** 키

29

UNIT

which

관계대명사 which는 선행사가 사물이나 동물인 경우에 사용한다. 주격과 목적격은 which, 소유격은 whose (of which)를 사용한다. of which를 쓰는 경우, 관련 명사 앞에 정관사 the를 쓴다.

- **I don't like the dog which scared me.**
  난 나를 무섭게 하는 그 개를 좋아하지 않는다.

- **He has sold the car which he bought last year.**
  그는 작년에 산 그 차를 팔았다.

1 I like movies which have happy endings.

2 Look at the birds whose feathers are white.

3 Love is a feeling which nobody can describe.

4 Henry's hobby is to collect caps which are colorful.

5 The copy machine (which) we bought needs to be exchanged.
   목적격 관계대명사 which는 생략할 수 있어요.

6 That's the song of which the lyrics remind me of my youth.
   요즘은 of which를 거의 쓰지 않고 whose를 많이 써요.

7 A David cut down a tree which is 200 years old.
   B He did? Is he crazy?

Grammar ✓ Check

선행사	주격 (+ 동사)	목적격 (+ 주어 + 동사)	소유격 (+ 명사 + 동사)
사물, 동물	which	which (생략가능)	whose (= of which)

8 They used to live in a mansion whose gate was always open.

주의

9 The telephone is an invention which has revolutionized the world.
invention이 가산명사로 쓰이면 '발명품'이란 뜻이에요.

10 First, Andrew needed to stop the train which was rushing into the platform.

11 A Hey, what did I miss?
     B Everybody was talking about the robbery which happened last week.

12 The book (which) I read yesterday was about the importance of planning.

구문 UP **Fill in the blanks using *which* or *whose*.**

13 Joe caught a bug _____ sound was very noisy.
      Joe는 매우 시끄러운 소리를 내던 벌레를 잡았다.

14 Do you remember the house _____ has a blue roof?
      너는 파란 지붕이 있던 그 집을 기억하니?

15 Have you seen the video clip _____ Scott uploaded on his blog?
      Scott이 그의 블로그에 업로드시킨 동영상 봤니?

💬 **Vocabulary** ||||||||||||||||||||||||||||||||||||||||||||||||||||||||||||||||||||||||||||||||||||||||||||||||||

feather 깃털 | **describe** 묘사하다 | **colorful** 색이 화려한 | **exchange** 교환하다 | **lyrics** 가사 | **remind A of B** A에게 B를 상기시키다 | **mansion** 대저택 | **invention** 발명품 | **revolutionize** 혁신을 일으키다 | **rush** 돌진하다, 질주하다 | **importance** 중요성, 중요함 | **roof** 지붕 | **video clip** 비디오 클립 동영상

30

that

관계대명사 that은 선행사가 사람, 사물, 동물인 경우에 모두 사용할 수 있다. 단, 소유격은 없다.

- **I saw a girl and her dog that were running in the park.**
  난 공원에서 뛰고 있는 한 소녀와 그녀의 강아지를 보았다.

- **Oh, Monica, this is the best idea that you've ever had!**
  오, Monica, 이건 네가 이제까지 한 것 중에서 최고의 아이디어야!

1 Who was the girl that you were talking to?

2 The bat is the only mammal that can fly.

3 I was the first student that passed the word test.

4 These are the same people that joined our club recently.

5 The pillow is for people and pets that have insomnia.

선행사가 사람과 동물을 함께 가리키므로 무조건 that을 써야 해요.

6 This is the most gorgeous evening that I could spend with him.

Grammar ✓ Check

선행사	주격 (+ 동사)	목적격 (+ 주어 + 동사)	소유격 (+ 명사 + 동사)
사람, 사물, 동물	that	that (생략가능)	없음
that을 쓰는 경우	선행사가 1. '사람 + 동물'인 경우 2. 최상급형용사, 서수, the very, the only, the same 등 3. all, every, any, no, -thing 등		

7 All (that) I want for Christmas is you.

8 The movie that starts at 6 is too early.
Why don't we see the next one?
같은 물건이나 사람을 나타낼 때 반복을 피하기 위하여 one을 써요. it은 안 돼요!

참고 90년대 최고의 팝 여가수였던 머라이어 캐리(Mariah Carey)의 노래입니다.

9 We're moving to a new house for the baby that will be born next month.

10 We bought a chainsaw that we cut all the trees down with.

11 Ladies and Gentlemen! The magician can guess everything that you are thinking.

12 So, he jumped on the train, got into the first car that had emergency brake, and pulled it with all his power.

구문**UP** Fill in the blanks with *who(m)*, *which*, or *that*.

13 This is the girl _____ traveled all around China.
이 아이가 중국 전체를 여행한 소녀이다.

14 Everything _____ you can imagine is real. – Pablo Picasso
네가 상상할 수 있는 모든 것은 현실이다. – 파블로 피카소

15 What is the name of the café _____ you went to yesterday?
네가 어제 갔던 그 카페의 이름이 뭐니?

💬 **Vocabulary** ||||||||||||||||||||||||||||||||||||||||||||||||||||||||||||||||||||||||||||||||||||

mammal 포유동물 | **recently** 최근에 | **pillow** 베게 | **insomnia** 불면증 | **gorgeous** 아주 멋진 | **chainsaw** 체인톱 | **emergency** 비상

31

UNIT

what

'~하는 것'이라는 뜻으로, 선행사를 포함하고 있으며 명사절을 이끈다. the thing(s) which[that]으로 바꿔 쓸 수 있다. 명사절이기에 문장에서 주어, 보어, 목적어로 사용된다.

- **I don't know what you are talking about.**
  난 네가 이야기하고 있는 것을 모른다.

- **This Gorgonzola pizza is what my sister wants to eat.**
  이 고르곤졸라 피자가 우리 언니가 먹고 싶어하는 것이다.

1 You reap what you sow.

　　　　　동사변화에 유의해야 해요.

2 What goes around comes around.

3 I know what you did last summer.

4 Paid leave is what makes me really happy.

　　the thing which로 쓸 수도 있어요.

5 Finish what you didn't finish yesterday today.

6 What makes me stronger are haters' comments.

　　　　　　what절의 수일치는 주로 보어에 하므로 are를 써야 해요.

7 The cat only drinks what his master gives.

Grammar ✓ Check

선행사	주격 (+ 동사)	목적격 (+ 주어 + 동사)	소유격 (+ 명사 + 동사)
선행사 포함	what	what (생략불가)	없음

8 A Don't you remember what you promised a second ago?

B What? Do I know you?

'저 아세요?'를 영어로는 Do I know you?라고 해요.

9 What Mr. Grey wrote on the whiteboard is impossible to read.

10 CEO We should know what the customers want and what they do not want.

11 What interested Jeff most was playing rugby. But he ended up being a juggler.

12 What he did made a really loud noise, and the train stopped right before colliding with the platform.

구문**UP** Fill in the blanks with *what* using the given words.

13 Excuse me, is this _____ I _____? (order)

실례합니다만, 이게 제가 주문한 것인가요?

14 Many students don't know _____ they want _____ _____ in the future. (be)

많은 학생들이 그들이 미래에 되고 싶은 것을 모른다.

15 When you have too much work to do, start with _____ _____ to be the easiest. (seem)

당신이 해야 할 일이 너무 많을 때에는, 가장 쉬운 것처럼 보이는 것부터 시작해 보세요.

📒 **Vocabulary** ||||||||||||||||||||||||||||||||||||||||||||||||||||||||||||||||||||||||||||||||||||

reap 수확하다 | **sow** 거두다(-sowed-sowed(sown)) | **paid leave** 유급휴가 | **haters' comment** 악플 | **second** 초 | **end up -ing** 결국 ~하다 | **collide** 충돌하다 | **order** 주문하다

32

UNIT

재귀대명사

재귀대명사는 '~자신, ~자체'의 의미이다. 재귀용법, 강조용법, 관용적 용법 등이 있다.

- **Let's fix the bicycle ourselves.**
  자전거를 우리 스스로 고치자.

- **Heaven helps those who help themselves.**
  하늘은 스스로를 돕는 사람들을 돕는다.

1 Jim saw himself in the mirror.

2 Eric sometimes talks to himself.

3 Ms. Fukuhara herself changed her flat tire.

4 I enjoy having meals by myself.

5 Jack always thinks about himself only.

6 On the first day of class, the students introduced themselves.

주의
7 You need to protect yourselves from cold.

you가 '너희들'도 되므로 복수로 쓰였어요.

Grammar ✓ Check

	단수	재귀대명사	복수	재귀대명사	전치사 + 재귀대명사	
1인칭	I	myself	we	ourselves	by oneself	혼자, 다른 사람 없이
2인칭	you	yourself	you	yourselves	for oneself	혼자 힘으로, 스스로
3인칭	he/she/it	himself/herself/itself	they	themselves	of oneself	저절로

8 The coffee machine itself is an excellent barista.

9 Calvin created the company for himself.
He's amazing!

10 The top student I've never had a private lesson. I just taught myself.

11 Maria, you don't have to blame yourself for the accident. The car moved of itself.

12 Andrew himself couldn't believe what happened. Like a miracle, nobody on the platform or the train got hurt!

구문 **UP** Fill in the blanks using the proper reflexive pronoun(재귀대명사).

13 The girl often goes to the movies _____ _____.
그 소녀는 종종 혼자 영화를 보러 간다.

14 There's enough food here. Help _____
여기 충분한 음식이 있습니다. 마음대로 드세요.

15 He wanted to impress her, so he climbed a tall tree _____.
그는 그녀에게 깊은 인상을 남기고 싶어서 자신이 직접 큰 나무에 올랐다.

📋 **Vocabulary** |||||||||||||||||||||||||||||||||||||||||||||||||||||||||||||||||||||||||||||||

talk to oneself 혼잣말 하다 | **flat tire** 펑크 난 타이어 | **blame oneself** 자신을 책망하다 | **accident** 사고 | **miracle** 기적 | **get hurt** 다치다, 상처를 입다 | **help oneself** 마음대로 먹고 마시다

75

33

UNIT

물질명사의 수량표현

물질명사는 셀 수 없으므로 그것을 담는 용기를 세거나 단위를 붙여서 수를 나타낸다.

- **How many glasses of water do you drink a day?**
  하루에 물을 몇 잔 정도 마시니?
- **She bought some cartons of milk at the supermarket.**
  그녀는 슈퍼에서 우유 몇 팩을 샀다.

1 It is a piece of cake.

2 Pass me a slice of pizza, please.

3 I ate two glasses of milk and two bowls of cereal.

주의
4 She had six **pieces** of apple pie for dessert.
　　piece는 셀 수 있고 pie는 셀 수 없으므로 piece에 -s를 붙여요.

5 The boy wanted a bowl of mushroom soup for his younger sister.

주의
6 He used to give me a piece of advice on my task.
　　furniture나 information도 a piece of ~로 셀 수 있어요.

7 Did you order a cup of americano or a glass of iced cappuccino?

⫼⫼ Grammar ✓ Check ⫼⫼⫼⫼⫼⫼⫼⫼⫼⫼⫼⫼⫼⫼⫼⫼⫼⫼⫼⫼⫼⫼⫼⫼⫼⫼⫼⫼⫼⫼⫼⫼⫼

a piece of	cheese, bread, cake, pizza	a slice of	cheese, pizza, bread
a cup of	coffee, tea	a bottle of	ink, juice, milk
a glass of	water, milk, beer, soda	a pound of	sugar, meat
a loaf of	bread	a bowl of	soup, rice, cereal
a bar of	soap, chocolate	a bunch of	flowers

8 A round of cheers and applause came from the crowd!

9 He decided to knock on the door and **ask** her for three loaves of bread.

decided to knock ~ and (to) ask의 병렬구조예요.

10 I have received many bunches of flowers from many girls for ten years.

11 Jean Valjean stole a loaf of bread and he was imprisoned for nineteen years.

12 A You didn't forget his birthday cake?
    B Yes, I've already ordered a special cake. Ten pieces of strawberry cake and ten pieces of chocolate cake.

구문UP **Fill in the blanks using the given words.**

13 _____ _____ _____ _____ or veal is called a steak. (beef)

소나 송아지 고기의 한 조각을 스테이크라고 부른다.

14 To make *tteokgalbi*, you need _____ _____ _____ _____, some salt and flour. (meat)

떡갈비를 만들기 위해서, 당신은 4파운드의 고기, 약간의 소금 그리고 밀가루가 필요해요.

15 Alice bought _____ _____ _____ _____ at the market to make _____ _____ _____ _____. (honey, soap)

Alice는 비누 하나를 만들기 위해 시장에서 꿀 두 병을 샀다.

💬 **Vocabulary**

dessert 후식 | mushroom 버섯 | task 업무 | a round of 한바탕의 ~ | cheer 환호, 응원 | applause 박수 (갈채) | imprison 투옥하다
| veal 송아지 고기 | flour 밀가루

34

UNIT

(a) few / (a) little

'약간 있는'이란 의미로 셀 수 있는 명사는 a few, 셀 수 없는 명사는 a little을 사용한다. '거의 없는'의 의미로는 각각 few와 little을 사용한다.

- **A little knowledge is a dangerous thing.**
  조금의 지식은 위험한 것이다.(선무당이 사람 잡는다.)
- **Few people know much about her private life.**
  그녀의 사생활을 아는 사람은 거의 없다.

1 We stayed a few days in Florence.

2 There were few people on the street last night.

3 There is a little water in the bottle.

4 Ron has little free time even on the weekend.

5 She has to buy a few grapefruits to make grapefruit juice.

6 A How's the bus service at night?
  B There are few buses after 10 o'clock.

7 There is little hope of finding the missing people alive.

Grammar ⊙ Check

종류	약간 있는	거의 없는
셀 수 있는 명사	a few	few
셀 수 없는 명사	a little	little

8 I have little patience. Just tell me what you want.

9 I just bought the small diamond ring because I had little money.

10 Saying hello to your neighbors takes little effort, but brings a lot of happiness.

11 Nurse Fredo may feel alone in the hospital. Few people have visited him.

& **12** People shouted, "Wow! Thank you! A lot of people were about to lose their lives! You saved them! There's little doubt about it!"

구문**UP** **Fill in the blanks using *(a) few* or *(a) little*.**

13 A When did Priha go out?

   B _____ minutes ago.

   A: Priha가 언제 나갔어?   B: 몇 분 전에.

14 Listen carefully. I'm going to give you _____ advice.

   잘 들어. 나는 너에게 약간의 충고를 할 거야.

15 I made _____ friends in my childhood, but _____ of them are in touch now.

   나는 어린 시절에 친구들을 좀 사귀었지만, 그들 중 지금 연락이 닿는 이가 거의 없다.

📃 **Vocabulary**

knowledge 지식 | private 사적인 | grapefruit 자몽 | missing 실종한 | patience 참을성 | neighbor 이웃 | effort 노력 | be about to 막 ~하려는 참이다 | doubt 의심 | in touch 연락이 닿다

35

부정대명사 1(one / the other)

막연한 하나를 가리킬 때 one을 사용하며, 둘 중에서 남은 하나를 가리킬 때 the other를 사용한다.

- **I don't have an eraser. Can you lend me one?**
  지우개가 없네. 하나 빌려 줄래?

- **Olivia has two sisters: one is tall, and the other is short.**
  Olivia는 두 언니가 있는데 한 명은 키가 크고 다른 한 명은 키가 작다.

1 A Do you have a hammer? B Yes, I have one.

「a+명사」는 one을, 「the+명사」는 it을 씀에 유의해요.

2 This orange is rotten. I want another.

3 This item seems great, but can I see another one?

another는 형용사로도 쓰이고 뒤에 단수가 와요.

4 I can't help you because I'm busy with other things.

other는 형용사로도 쓰이고 뒤에 복수가 와요.

5 Noah is always kind, but he has no interest in helping others.

others는 단독으로 쓰이지만 other는 그렇지 않아요.

6 No one has ever seen the other side of the moon.

명백히 두 개가 있는 경우 나머지는 the other를 써요.

7 She has two sons. One is handsome, and the other is more handsome.

Grammar ✓ Check

둘일 때	one ~, the other...
셋일 때	one ~, another..., the other ~
넷 이상일 때	one ~, another...., the third ~, and the other...
일부는 ~, 다른 일부는 …	some ~, others...
일부는 ~, 나머지 일부는 …	some ~, the others...

8 Joan is with three friends in a café. One is Mina, another Hannah, and the other Emma.

9 (playing hide and seek) I found some of my guests in the attic, but where were the others?

10 Some of the presidents arrived on Thursday. Others arrived the following day.

🔗 **11** But there was a sudden tension between the two men with superpowers. One was in a red suit, and the other was in a black suit.

주의
12 She has four pairs of sneakers. One is cyan, another is magenta, the third

sneakers는 지칭하는게 아니라 pair를 지칭하므로 단수인 one으로 쓰고 동사도 is로 써요.

is yellow, and the other is black. And she is going to buy another.

구문**UP** **Fill in the blanks with *one*, *another*, or *the other(s)*.**

13 Would you please sing _____ song? I'm sick of this one!

제발 다른 노래를 불러줄래? 이 노래는 지겨워!

14 He was holding a bucket of popcorn in _____ hand and a movie ticket in _____.

그는 한 손에는 팝콘 한 통을 다른 한 손에는 영화표를 들고 있었다.

15 Michiko bought three T-shirts yesterday. _____ is from London, _____ is from New York, and _____ is from Milan.

Michiko는 어제 3개의 티셔츠를 샀다. 하나는 런던, 다른 하나는 뉴욕, 그리고 나머지 하나는 밀라노 것이다.

📖 **Vocabulary**

rotten 썩은 | **hide and seek** 술래잡기 놀이 | **attic** 다락 | **tension** 긴장 | **cyan** 청록색 | **magenta** 자홍색 | **be sick of** ~에 질리다 | **bucket** 통

36

UNIT

부정대명사2(all / both / each / every)
all은 '모두', both는 '둘 다', each는 '각각의', every는 '모두'의 의미로 사용한다.

- **All of the food has gone.**
  음식 모두 다 나갔어요.(떨어졌어요.)

- **I talked to the girls. Both of them were Chinese.**
  난 그 소녀들에게 이야기했다. 그들은 둘 다 중국인이었다.

- **Each of the students has his or her own personal computer.**
  학생들 각각이 자신의 개인용 컴퓨터가 있다.

- **Every teacher loves their school.**
  모든 선생님들은 그들의 학교를 사랑한다.

1 All of the furniture here is from Italy.

2 Both of his daughters are going to get married tomorrow.

 3 Each student has to give a twenty-minute presentation.
each 다음에는 단수명사와 단수동사가 와요.

4 Mr. Son has collected every dragon ball.

 5 Every boy and girl was ready to run a marathon.
every A and B도 단수취급해야 해요.

Grammar ✓ Check

all	'모두, 모든 것, 전부'. 대명사로 쓰이거나, 명사를 수식하고 단수 또는 복수 취급	all of + 단수/복수명사 + 단수/복수 동사	all + the 단수/복수명사 + 단수/복수 동사
		cf. all이 사람일 때는 복수, 사물이나 상황일 때는 단수 취급	
both	'둘 다'. 대명사로 쓰이거나 명사를 수식하고 복수 취급	both of + 복수명사 + 복수 동사	both + 복수명사 + 복수 동사
each	'각자, 각기'. 대명사로 쓰이거나, 명사를 수식하고 단수 취급	each of + 복수명사 + 단수 동사	each + 단수명사 + 단수 동사
		cf. each other (둘 사이에)서로 one another (셋 이상) 서로	
every	'모든'. 명사를 수식하고 단수 취급	every + 단수명사 + 단수 동사	
		cf. '~마다': every two weeks, every second week	

주의
6 The twins dislike **each other**, but the triplets like **one another**.
기본적으로 둘은 each other 셋 이상은 one another를 쓰지만 each other도 많이 쓰여요.

주의
7 **Each** of his sons was popular among the girls in this town.
each는 대명사로 of앞에 쓰이지만 every는 그렇지 않아요.

주의
8 Ariane and John visit this nursing home **every two weeks**.
every other week 또는 every second week으로도 쓸 수 있어요.

9 All of the actors enjoyed every minute of the musical.

주의
10 Every student should submit **their** reports by this Friday.
「every+명사」를 다시 쓸 때는 복수로 받아서 쓰기도 해요.

11 Both of the soprano singers are wearing blue pants.

12 The man in black said, "Hehe... So, you disrupted my plans. Why don't we introduce ourselves to each other? I'm Seismico, and I can control earthquakes."

구문UP Fill in the blanks using the given words.

13 _____ the members of the group _____ blue eyes and blonde hair.
(have)
그 모둠의 모든 구성원들은 파란 눈과 금발 머리이다.

14 _____ of the _____ _____ approximately 2,500 feet above sea level. (city, be)
그 도시 둘 다 대략적으로 해발 2,500피트이다.

15 _____ person _____ right to personal liberty and security. (have)
모든 사람은 개인의 자유와 안전에 대한 권리를 갖고 있다.

📋 **Vocabulary**

presentation 발표 | **twin** 쌍둥이 | **triplet** 세쌍둥이 | **nursing home** 요양원 | **submit** 제출하다 | **disrupt** 방해하다 | **introduce** 소개하다 | **earthquake** 지진 (seismic 지진의) | **blonde** (여성의) 금발의 | **approximately** 대략 | **above sea level** 해발 | **right** 권리 | **personal** 개인의 | **liberty** 자유 | **security** 안전

37

UNIT

비교급을 이용한 최상급

「비교급 + than any other + 단수명사」의 의미는 '다른 어떤 ~보다 더 …한'으로 최상급의 의미이다.
「부정주어 ~ 비교급 than」의 의미는 '어떤 주어도 …보다 더 ~하지 않다'로 최상급의 의미이다.

- **Silence is more musical than any other song.**
  – Christina Rossetti
  침묵은 그 어떤 노래보다 더 음악적이다. – 크리스티나 로제티

- **Nothing in life is more important than love.**
  인생에서 어떠한 것도 사랑보다 더 중요하지 않다.

1 Mr. Samson is stronger than any other man.

2 No other pet is cuter than mine.

주의
3 We fight more frequently than any other couple.

> any other 다음에는 단수를 써요.

주의
4 No other place is hotter than Loot Desert in Iran.

> 일반적으로 other+복수명사지만 no[any] other 다음에는 단수를 써요.

5 On the playground, he is faster than any other friend.

6 No other movie is longer than *Logistics*.

> 참고 'Logistics'는 총상영시간이
> 51420분(35일 17시간)인 영화에요.

7 No other mammal is larger than a blue whale.

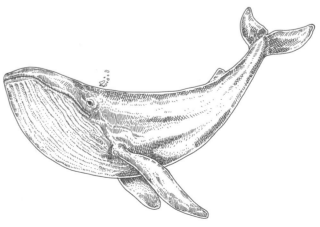

8 Mr. Dunkin ate doughnuts more than any other child.

9 My mom's cookies were more delicious than any other cookie.

10 No other form of transportation is more punctual than the metro.

11 No other skyscraper is taller than the Burj Khalifa in Dubai.

12 Andrew answered, "I'm Flashman. Your name isn't Psycho? You seem crazier than any other person on earth! Why did you make an earthquake here?"

구문 **UP** Fill in the blanks using the given words.

13 Hawaii is sunnier than _____ _____ _____. (state)

하와이 주는 다른 어떤 주보다 더 맑다.

14 _____ _____ knight in this kingdom _____ _____ _____
Rob. (brave)

이 왕국의 다른 어떤 기사도 Rob보다 용감하지 않다.

15 This bag is _____ _____ _____ _____ _____ in
this shop. (expensive, bag)

이 가방은 이 가게의 다른 어떤 가방보다 더 비싸다.

📖 **Vocabulary** ‖‖

silence 침묵 | frequently 자주 | playground 운동장 | mammal 포유류 | transportation 대중교통 | punctual 시간을 지키는 |
skyscraper 마천루, 고층건물 | psycho (아주 이상하게 폭력적인) 정신병자 | crazy 미친, 정신이상인 | knight 기사 | kingdom 왕국

38

비교급 강조 부사

비교급을 강조하기 위해서 앞에 부사 much, far, even, still, a lot이 오기도 한다.

- **This backpack is much better than that one.**
  이 배낭이 저것보다 훨씬 더 좋다.
- **Sofia drives far more carefully than Emma.**
  Sofia가 Emma보다 훨씬 더 조심스럽게 운전한다.

1   A sunflower smells much sweeter than a tulip.

2   His mom is far older than his dad.

3   Love is even more precious than money.

4   Why is everyone else far luckier than me?

5   Susan looks a lot happier tonight. What is making her smile?

6   The weather was still colder than I expected.

7   This car is much more expensive than that one.

8   Carla can understand Italian even better than Marco.

9 Chen's sister earned much more money than him last year.

10 A A sister-in-law is far nastier than a mother-in-law.
　　B I can't say no. You're also going to be a sister-in-law soon.

11 Jen came to school even earlier than her teacher this morning.

12 "I am even stronger than any other superhero. I'm going to prove it by beating you today!" Seismico said.

구문UP Fill in the blanks using the given words.

13 Your son's essay is e_____ _____ _____ _____ others. (unique)
당신 아들의 에세이는 다른 것들보다 훨씬 더 독특합니다.

14 It is no doubt that my gift box is s_____ _____ _____ yours. Puhaha! (big)
내 선물상자가 네 것보다 훨씬 더 큰 것은 의심의 여지가 없지. 푸하하!

15 Natasha is m_____ _____ _____ _____ Juliet. So, she has no friends. (selfish)
Natasha는 Juliet보다 훨씬 더 이기적이다. 그래서 그녀는 친구가 없다.

Vocabulary

sunflower 해바라기 | **smell sweet** 냄새가 향기롭다 | **tulip** 튤립 | **precious** 소중한 | **expect** 기대하다 | **nasty** 고약한, 심술궂은 | **prove** 증명하다 | **beat** ～를 이기다 | **no doubt** 의심의 여지가 없는 | **selfish** 이기적인

39

최상급

최상급 앞에는 the를 사용한다. 부사의 최상급은 the를 붙이지 않는 경우도 있다. 최상급 표현으로 「the + 최상급 + of/in + 명사」, 그리고 「one of + the + 최상급 + 복수명사」의 형태가 있다.

- **Eric is the funniest student in my school.**
  Eric은 우리 학교에서 가장 재미있는 학생이다.
- **One of the most popular sports is soccer.**
  세상에서 가장 인기 있는 스포츠 중 하나가 축구이다.

1 Who is the laziest person of the five?

2 The hottest love has the coldest end. – Socrates

3 Spring is the most pleasant season of the year.

4 He had the worst experience of his whole life yesterday.

5 Shakira is one of the most famous singers in Latin America.

주의
6 You are the most intelligent boy (that) I've ever seen.

목적격 관계대명사는 생략할 수 있어요.

Grammar ✓ Check

규칙변화

대부분	+-est	tall – taller – tallest small – smaller – smallest
-e로 끝나는 경우	+-st	large – larger – largest nice – nicer – nicest
'자음 +y'로 끝나는 경우	y ⇨ i + -est	busy – busier – busiest happy – happier – happiest
'단모음 + 단자음'으로 끝나는 경우	마지막 자음 +-est	hot – hotter – hottest fat – fatter – fattest
대부분의 2음절, 3음절 이상	most + 원급	famous – more famous – most famous important – more important – most important

불규칙변화

good/well – better – best	bad/ill – worse – worst
many/much – more – most	little – less – least
late – later – latest (시간이 늦은)　(최신의)	late – latter – last (순서가 나중인)　(마지막)

최상급 표현

최상급 + of 복수명사	~ 중에서 가장 ~한/하게
최상급 + in 장소/상황	~에서 가장 ~한/하게
최상급 + 주어 have ever p.p.	주어가 ~해 본 중에 가장 ~한/하게
one of + 최상급 + 복수명사	가장 ~한 것들 중 하나

7 New York is considered the most diverse city in the U.S.

the Statue of Liberty

8 My house is the oldest one in town. It was built in the 17th century.

9 *Hamlet* is one of the most famous plays that Shakespeare wrote.

10 Ms. Kim is the most generous teacher I have ever met.

주의
11 One of the most legendary car designers is making a comeback
주어가 one이므로 단수동사를 써야 해요.

주의
12 The God of Inner Power whispered, "Watch out Andrew! On earth, he
대문자로 시작하는 the Earth는 지구라는 행성을, 소문자로 시작하는 earth는 땅, 흙, 세상 등을 의미합니다.
might have the strongest superpowers as he can knock anyone down with an earthquake."

구문 *UP* **Fill in the blanks using the given words.**

13 The Nile River is _____ _____ river in the world. (long)

나일 강은 세상에서 가장 긴 강이다.

14 Mr. Song is _____ _____ _____ Korean actor in China.
(well-known)

송 씨는 중국에서 가장 잘 알려진 한국 배우이다.

15 _____ _____ _____ _____ hockey _____ in history
_____ Tim Horton. (player, be)

역사상 최고의 하키 선수들 중 한 명은 Tim Horton이다.

📑 **Vocabulary**

lazy 게으른 | **experience** 경험하다 | **intelligent** 총명한 | **consider** ~라고 여기다 | **diverse** 다양한 | **play** 극 | **generous** 인자한 | **legendary** 전설의 | **make a comeback** 복귀하다 | **whisper** 속삭이다 | **watch out** (위험하니까) 조심해라 | **knock down** ~를 넘어뜨리다, 쓰러뜨리다 | **well-known** 잘 알려진

꼬리에 꼬리를 무는 문장 ❸

플랫폼으로 들어오는 열차가 이상해! 사고가 날 것 같아! 그리고 그 검은 옷의 남자는 누구지?

앞서 학습한 유닛에서 표시된 🔗 문장을 이으면 멋진 슈퍼 히어로 Andrew의 이야기가 펼쳐집니다!

Read the following and answer the questions.

The people who were on the train were facing a huge accident because the train was out of its control.²⁸ First, Andrew needed to stop the train which was rushing into the platform.²⁹ So, he jumped on the train, got into the first car that had emergency brake, and pulled it with all his power.³⁰ What he did made a really loud noise, and the train stopped right before colliding with the platform.³¹ [**what, himself, Andrew, believe, happened, couldn't**]. Like a miracle, nobody on the platform or the train got hurt!³² A round of cheers and applause came from the crowd!³³ People shouted, "Wow! Thank ① **you**! A lot of people were about to lose their lives! ② **You** saved them! There's little doubt about it!"³⁴

But there was a sudden tension between the two men with superpowers. One was in a red suit, and the other was in a black suit.³⁵ The man in black said, "Hehe... So, ③ **you** disrupted my plan. Why don't we introduce ourselves to each other? I'm Seismico, and I can control earthquakes."³⁶ Andrew answered, "I'm Flashman. Your name isn't Psycho? ④ **You** seem crazier than any other person on earth! Why did you make an earthquake here?"³⁷ "I am even stronger than any other superhero. I'm going to prove it by beating ⑤ **you** today!" Seismico said.³⁸ The God of Inner Power whispered, "Watch out Andrew! On earth, he might have the strongest superpowers as he can knock anyone down with an earthquake."³⁹

* 구문 활용 독해문장 뒤의 번호는 해당 문장이 삽입되어 있는 유닛입니다.

1 **Choose the <u>right</u> word for the blank.**

> W_____ o_____! The car is rushing!

2 **Choose the one that means something <u>different</u>.**

①   ②   ③   ④   ⑤

3 **Rearrange the given words in correct order.**

Andrew 스스로도 벌어진 일을 믿을 수가 없었다.

[what, himself, Andrew, believe, happened, couldn't].

Vocabulary

rush 돌진하다, 질주하다 | **emergency** 비상 | **collision** 충돌 | **miracle** 기적 | **get hurt** 다치다, 상처를 입다 | **a round of** 한바탕의 ~ | **cheer** 환호, 응원 | **applause** 박수갈채 | **be about to** 막 ~하려는 참이다 | **doubt** 의심 | **tension** 긴장 | **disrupt** 방해하다 | **introduce** 소개하다 | **earthquake** 지진 | **seismic** 지진의 | **psycho** (아주 이상하게 폭력적인) 정신병자 | **crazy** 미친, 정신이상인 | **prove** 증명하다 | **beat** ~를 이기다 | **whisper** 속삭이다 | **watch out** 조심해 | **knock down** ~를 넘어뜨리다, 쓰러뜨리다

40

사역동사

사역동사(make, have, let)를 사용할 때에는, 「사역동사 + 목적어 + 원형부정사」의 형태를 따른다.

- **Peter had me wait outside the store.**
  Peter는 나를 그 가게 밖에서 기다리게 했다.

- **I made him make me a pizza for dinner.**
  난 그가 내게 저녁식사로 피자를 만들도록 시켰다.

 주의
1 **What makes you think so?**
Why do you think so?와 유사한 표현이예요.

2 Dr. Smith had his nurse take the patient's temperature.

3 A Let me tell you a really funny story.
   B I'm all ears.

 주의
4 I'm going to have my hair cut tomorrow.
목적어와 목적보어의 관계가 수동이면 과거분사를 써야 해요.

5 What Alice said made her friends cry.

 주의
6 Gyuro had his teeth whitened; his smile looks great!
감각동사인 경우 보어는 형용사로 써야 해요.

7 Dad I don't let my kids study more than an hour.

Grammar ✔ Check

문장성분	주어	사역동사: make, have, let	목적어	목적격 보어 : 원형부정사 (to ⓥ)
해석	~은/는/이/가	~시키다, ~하다, ~허락하다	…은/는/이/가	~하기를/하도록/할 거라고
해석 순서	①	④	②	③

8 I cannot teach anybody anything, I can only make them think. – Socrates

주의

9 Your photo makes me want to visit Santa Barbara. **How** beautiful!

형용사를 감탄할 때는 how를 써요.

주의

10 She had her children cook dinner, wash the dishes, and do the laundry.

병렬구조로 연결되어 있어요.

주의

11 A The English teacher made us rip out the entire page.
   B Why **in the world** did he make you do that?

의문사와 함께 쓰이면 '도대체'라는 뜻이에요.

12 "I understand. I will make him regret what he did. He put so many people in danger!" Andrew answered.

구문**UP** Fill in the blanks using the given words.

13 *Bulgogi* always _____ _____ _____ _____. (make, water)

불고기는 항상 내 입에서 군침이 나오게 한다.

14 Susan's mom _____ _____ _____ _____ and _____

_____ the laundry. (have, stop by, pick up)

Susan의 엄마는 그녀가 들러서 빨래를 가져가도록 시켰다.

15 Maria's mother won't _____ _____ _____ a puppy because she's allergic to dogs. (let, adopt)

Maria의 어머니는 강아지에 대한 알레르기가 있어서 그녀가 강아지를 입양하지 못하게 할 것이다.

💬 **Vocabulary**

temperature 온도 | **funny** 웃긴 | **all ears** 경청하는 | **whiten** 더 하얗게 만들다 | **rip out** 찢다 | **entire** 전체의 | **regret** 후회하다 | **put ~ in danger** ~를 위험에 처하게 하다 | **water** 군침이 나오다 | **stop by** 들르다 | **pick up** 가져가다 | **laundry** 빨래 | **adopt** 입양하다 | **allergic** 알레르기의

41

UNIT

지각동사

지각동사(see, watch, look at, hear, listen to, feel...)를 사용할 때에는, 「지각동사 + 목적어 + 원형부정사 (또는 현재분사)」의 형태를 따른다.

- **Did you feel the building shake just now?**
  넌 바로 지금 건물이 지금 흔들리는 것을 느꼈니?

- **Kate and I watched the full moon rising yesterday.**
  Kate와 난 어제 보름달이 떠오르는 것을 보았다.

1 I saw Princess Midan wash her hair.

주의

2 Sam watched the bird building a nest.
현재분사가 쓰이는 경우는 진행의 의미예요.

3 I felt the wind touch my body softly.

4 Dorothy suddenly heard the rain pouring down.

5 Look at your grandmother doing taekwondo.
Isn't she lovely?

6 I saw Heather dancing the tango alone in the shower.

7 Tanya doesn't seem to feel tears drop from her eyes.

Grammar ✅ Check

문장성분	주어	지각동사	목적어	목적격 보어 : 원형부정사(to ⓥ), 현재분사(ⓥ-ing)
해석	~은/는/이/가	보다, 듣다, 느끼다 등	…은/는/이/가	~하는 것을/인 것을
해석 순서	①	④	②	③

8 The coach had to watch his team **beaten** in the finals.

목적어와 목적보어의 관계가 수동이면 과거분사를 써요

9 A I saw you throwing a stone at my duck. It made me make a face.
   B Take it easy. It was just a loaf of bread.

10 Andrew ran into Seismico with lightning speed and felt the ground shaking.

11 The safari driver didn't see the lion lying in the road.

12 You know what? Yesterday I watched an elegant woman pick her nose on the subway.

구문UP **Fill in the blanks using the given words.**

13 The parents _____ their son _____ a kite in the sky. (watch, fly)
그 부모님들은 그들의 아들이 하늘에 연 날리는 것을 보았다.

14 Josh _____ the spider _____ over his leg. (feel, crawl)
Josh는 그의 다리에 거미가 기어가는 것을 느꼈다.

15 You _____ me _____ _____ you on the other side of the street yesterday, didn't you? (see, wave at)
너는 내가 어제 길 건너에서 손을 흔드는 거 봤지, 그렇지?

💬 **Vocabulary** ....

nest 둥지 | **pour** 퍼붓다 | **shower** 소나기 | **finals** 결승전 | **make a face** 찌푸리다 | **take it easy** 진정해 | **lightning** 번개; 번개같은 | **ground** 땅, 지면 | **safari** 사파리 여행(특히 아프리카 동부·남부에서 야생 동물들을 구경하거나 사냥하는 여행) | **elegant** 우아한 | **pick one's nose** 코를 후비다 | **crawl** 기어가다 | **wave at** ~에게 손을 흔들다

42

help + 목적어 + (to)동사원형

help동사는 help + 목적어 + 동사원형(또는 to동사원형)으로 표현된다.

- **Can you help me find my notebook?**
내가 공책 찾는 것을 도와주겠니?

- **Sora helps her sisters to learn good manners.**
소라는 여동생들이 좋은 매너를 배우도록 도움을 준다.

1 Please, help me to come back to earth.

주의
2 Would you help me (to) bring my pet to the hospital?
to를 생략하기도 해요.

3 A high school student helped an old lady cross the street.

주의
4 Sally, go help your dad clean the garage.
목적이나 취지를 나타낼 때 go[come]+동사원형도 쓰여요.

5 I'm trying to help Bill look for a new smartwatch.

주의
6 Going for walks every day helps me to organize my thoughts.
every day는 부사이고 everyday는 형용사예요.

7 A What was John doing when I called him?
B He was helping the new players unpack their bags.

Grammar ✓ Check

문장성분	주어	help	목적어	목적격 보어 : 원형부정사(to ⓥ), to부정사(to ⓥ)
해석	~은/는/이/가	돕다	…은/는/이/가	~하는 것을/하도록
해석 순서	①	④	②	③

8 The light from the sun helps the children grow healthy.

9 Julia wanted to help her mom do yoga in the living room.

10 Oh, Lord, please help me to escape from this miserable situation.

11 Weiwei helped Ms. Stiles learn Chinese. The first expression was how to answer the phone.

12 The God said, "Don't get knocked down! I can't help you fight him because it's your own fight."

구문 **UP** Fill in the blanks with *help* and using the given words.

13 Scott _____ _____ me _____ _____ my books up. (tidy)
Scott은 내가 책들을 깔끔하게 정리하는 것을 돕고 있다.

14 The little boy _____ his younger brother _____ _____ _____ his coat. (take off)
그 어린 소년은 그의 남동생이 코트를 벗는 것을 도왔다.

15 These time-saving techniques will _____ us _____ more efficiently. (work)
이 시간을 절약해 주는 기술들은 우리가 좀 더 효율적으로 일하도록 도울 거야.

📋 **Vocabulary**

come back to earth 정신 차리다 | **garage** 차고 | **look for** ~을 찾다 | **organize** 정리하다, 구성하다 | **escape** 탈출하다 | **miserable** 비참한 | **situation** 상황 | **tidy up** 깔끔하게 정리하다 | **take off** 옷을 벗다 | **time-saving** 시간을 절약해 주는 | **efficiently** 효율적으로

43

UNIT

keep/make/find + 목적어 + 형용사

keep, make, find의 동사들은 목적어 다음에 형용사가 보어로 많이 쓰인다.

- **We have to keep our passwords secret.**
  우리는 비밀번호들을 비밀로 유지해야 한다.
- **Paul found the math problem very difficult.**
  Paul은 그 수학 문제가 매우 어렵다는 것을 알았다.

1 Her endless nagging makes us dizzy.

2 The blanket will keep you warm.

3 This thermos can keep the water hot all day.

4 I just found the guard asleep. Let's sneak in now.

5 This air conditioner isn't making the air cool at all.

6 The judge's ruling made Bobby's family happy.

7 Sora keeps her body fit **by exercising** regularly.

by -ing는 '~함으로써'의 뜻이에요.

Grammar ✅ Check

문장성분	주어	keep/make/find	목적어	목적격 보어 (형용사)
해석	~은/는/이/가	유지하다/만들다/생각하다 등	…은/는/이/가	~한 상태로/하게/한 것을/하도록
해석 순서	①	④	②	③

8 The power of imagination makes us infinite. – John Muir

9 The girl found her house too dirty for the party.

10 Don't keep the baby alone too long in this room.

11 The best way to make children good is to make them happy. – Oscar Wilde

🔗 *12* Unfortunately, Andrew couldn't keep his posture steady on the shaking ground and fell down.

구문 *UP*   **Fill in the blanks using the given words.**

13 Mr. Armstrong _____ his new coach so _____. (witty)

Armstrong 씨는 그의 새로운 코치님이 매우 재치 있다는 것을 알아냈다.

14 A You look so tired. What's wrong with you?

B The sound of a swinging gate _____ me _____ all night. (awake)

A: 너 굉장히 피곤해 보인다. 무슨 일 있어?   B: 획획 움직이는 문소리가 나를 밤새 깨어 있게 했어.

15 The shampoo _____ his hair _____, but he had little hair. (shiny)

그 샴푸는 그의 머리를 반짝이게 했지만 그는 머리카락이 거의 없었다.

💬 **Vocabulary**

endless 끝임없는 | **nagging** 잔소리 | **dizzy** 어지러운 | **thermos** 보온병 | **sneak in** 몰래 들어가다 | **judge** 판사 | **ruling** 판결 | **fit** 건강한 |
regularly 규칙적으로 | **infinite** 무한한 | **posture** 자세 | **steady** 안정된, 흔들림 없는 | **fall down** 넘어지다 | **witty** 재치 있는 | **swing**
(전후·좌우로) 흔들리다, 획 움직이다 | **awake** 깨어있는

44

UNIT

It(가주어) ~ to부정사(진주어)

to부정사가 문장의 주어로 쓰일 때 가주어 it을 주어자리에 놓고 진주어인 to부정사는 문장의 뒤로 간다.

- **It is very difficult to play reggae music.**
  레게 음악을 연주하는 것은 매우 어렵다.

- **It is dangerous to swim in the river.**
  그 강에서 수영하는 것은 위험하다.

1 It is not easy to abolish corruption.

2 Hey, boys! It is dangerous to play with fire.

3 Was it your job to take care of the abandoned dogs?

4 It was not easy to listen to his boring lecture.

5 It was very exciting to start this business.

6 It was a harsh punishment to feed an elephant in India.

참고 코끼리의 먹잇감을 사는 데 값이 너무 많이 들어서 망하게 하는 형벌이 있었어요.

7 It was dangerous to go on a trip to Brazil alone.

8 It was a good experience for her to be an extra in the movie.

†to부정사의 의미상의 주어로 'for+목적격'을 써요.

9   It is interesting to watch a chicken fly.
    Have you ever seen it?

10 Jacob spoke so quickly. It was impossible
    to understand him.

11 Shaman It's possible to guess what will happen, but you have to pay me to
            tell you.

🔗 12 Seismico said, "Ha ha ha... It is your destiny to die here today by my power!"

구문UP Fill in the blanks using the given words.

13 _____ _____ difficult _____ _____ some natural laws.
    (explain)

    몇몇 자연법칙들을 설명하는 것은 어렵다.

14 A _____ _____ possible _____ _____ to the moon using a
      drone? (travel)
    B It can't be.

    A: 드론을 사용해서 달에 가는 것이 가능한가요?   B: 그럴 리가.

15 _____ _____ _____ uncommon _____ _____ many cows
    on the streets in this country. (see)

    이 나라에서 길 위의 많은 소를 보는 것은 드문 일은 아니다.

📑 **Vocabulary**

abolish 폐지하다 | corruption 부패 | abandoned 버려진 | harsh 가혹한 | punishment 처벌 | extra 조연 | shaman 무당 |
destiny 운명 | drone 드론 | uncommon 드문

It(가주어) ~ that(진주어)

접속사 that이 이끄는 문장이 주어로 쓰일 때 가주어 it을 주어자리에 놓고 that절은 문장의 뒤로 간다.

UNIT

- **It is impossible that I forget my appointment.**
  내가 약속을 잊어버리는 것은 불가능하다.

- **It was unfair that Peter should suffer so much.**
  Peter가 그렇게 많이 고생하는 것은 부당했다.

1 It is our destiny that we meet again in this store.

2 It was thrilling that our team made it to the finals.

3 Isn't it shocking that David defeated Goliath?

4 It is so sad that Naomi is going to leave the country soon.

5 It is scary that icebergs are melting so fast.

6 Lawyer It is clear that my client is innocent,
Your Honor.

판사를 직접 부를 때는 Your Honor라고 하기도 해요.

7 It's a miracle that Kathy overcame her stomach cancer.

8 Is it true that everything happens for a reason?

for에도 '때문에'라는 뜻이 있어요.

9 It is important that you **(should)** be careful at all times.

important 같은 당위성의 형용사가 나올 시 종속절의 should는 생략가능해요.

10 It is surprising that the shepherd got the most expensive watch in the world.

11 It is not clear that the citizen killed the police officer yesterday morning.

12 Andrew thought to himself while standing up, "It doesn't make me a loser that I fell down once."

구문UP Fill in the blanks using the given words.

13 _____ _____ fortunate _____ he _____ present? (be)

그가 참석했다는 것이 운이 좋은 것이었나?

14 _____ _____ disappointing _____ you _____ _____ your duty on time yesterday. (finish)

어제 당신이 임무를 제때에 끝마치지 못했던 것은 실망스럽습니다.

15 _____ unbelievable _____ you _____ _____ forensic medicine. (major in)

네가 법의학을 전공했다는 것은 믿을 수 없다.

📝 **Vocabulary**

appointment 약속 | unfair 부당한 | suffer 고생하다 | destiny 운명 | thrilling 아주 신나는 | defeat 패배시키다 | iceberg 빙산 | client 의뢰인 | innocent 무죄의 | miracle 기적 | overcome 극복하다 | stomach cancer 위암 | reason 이유 | shepherd 양치기 | citizen 시민 | loser 패배자 | once 한번 | fortunate 운이 있는 | present ~이 있는 존재의 | duty 의무 | major in ~을 전공하다 | forensic medicine 법의학

46

UNIT

It seems that ～

that의 내용이 '～인 것 같다'라는 표현이다.

- ● **It seems that she needs someone to talk with.**
  그녀는 이야기할 누군가가 필요한 것 같다.

- ● **It seems that the old lady knows the rumor.**
  그 노부인은 그 루머를 아는 것 같다.

1 It seems that he feels the same way.

2 It doesn't seem that we are a match made in heaven.

주의
3 It seems that this dinosaur didn't eat grass.
주절보다 앞선 시제는 과거로 써요.

주의
4 It seemed that Sally was not comfortable in the wedding dress.
주절과 같은 시제임을 나타내요.

5 It didn't seem that she made up her mind.

6 Girl What a nice place!
   Boy But it seems that you have been here before.

7 It seems that the clouds are moving our way. It is going to rain!

 Grammar ✓ Check

It	seems	that S+V ～
(해석안됨)	～인 것 같다	S가 V ～하는 것

8   It seems that Daphne forgot to put on her makeup today.

9   It doesn't seem that we can change the customer's mind now.

10   Patient Doctor, my head hurts.

       Doctor It seems that you have a cold. You'd better go home and rest.

11   It seems that no one knows the truth. We have to tell the truth.

12   "It seems that I can run on walls because I am really fast. Then his earthquakes cannot knock me down when I am not running on the ground!"

구문UP **Fill in the blanks using the given words.**

13   _____ _____ _____ they _____ _____ for the attack for a long time. (have, prepare)

그들이 그 공격을 위해 오랫동안 준비했던 것처럼 보인다.

14   _____ _____ _____ our reading club _____ _____ _____ _____ reading. (interested)

우리 독서동아리는 독서에 관심이 없던 것처럼 보였다.

15   Torch _____ _____ _____ you _____ _____ _____ the dark. But don't worry. I'll light your way. (afraid)

손전등: 너희는 어둠을 무서워하는 것 같아. 하지만 걱정 마, 내가 너희 길을 비춰줄게.

🗨 Vocabulary

rumor 소문 | match made in heaven 하늘이 정해준 짝 | dinosaur 공룡 | make up one's mind 결심하다 | put on makeup 화장하다 | customer 고객 | then 그렇다면, 그러면 | wall 벽 | attack 공격 | torch 손전등 | light 빛을 비추다

UNIT

명령문, and / 명령문, or

「명령문, and ～」는 '…해라, 그러면 ～'의 뜻이다.
「명령문, or ～」는 '…해라, 그렇지 않으면 ～'의 뜻이다.

- **Keep your promises, and everyone will like you.**
  약속을 지켜라, 그러면 모든 사람들이 너를 좋아할 것이다.

- **Hurry up, or we will leave without you.**
  서둘러라, 그렇지 않으면 우리는 너 없이 떠날 것이다.

1 Give me the money, and you won't get hurt at least.

2 Do not eat at night, or you will become like me.

3 Wash your hands regularly, and you will stay healthy.

4 Be nice to your friends, or you will be lonely.

5 Be ambitious, and your dreams will come true soon.

6 Do not use your cell phone in class, or you will regret it.

7 Genie in the lamp Tell me your wish, and I'll make it happen.

Grammar ✓ Check

명령문, and ～	…해라, 그러면
명령문, or ～	…해라, 그렇지 않으면

8 Never look back, or you'll turn to stone.

9 Leave from this village, and you will be forgiven!

🔗 10 Laughing loudly, Seismico cried out, "Ha ha ha! Surrender, or I'll kill you!"

11 Tell your mom "I love you" every morning, and she will be happy all day.

12 Laugh, and the world will laugh with you. Weep, and you will weep alone.

구문UP Fill in the blanks with *and* or *or* using the given words.

13 _____ inside the shelter, _____ you will be safe. (stay)

보호소 안에 머무세요, 그러면 여러분은 안전할 겁니다.

14 _____ to be on time, _____ the boss will trust you. (try)

시간을 지키려고 노력해, 그러면 너의 사장은 너를 신뢰할 것이다.

15 _____ _____ right now, _____ you won't get a chance to dance
on the stage. (come out)

지금 나와라, 그렇지 않으면 무대에서 춤 출 기회를 얻지 못하게 될 거야.

📑 **Vocabulary** ‖‖‖

promise 약속 | at least 최소한 | regularly 규칙적으로 | ambitious 야망있는 | come true 실현되다 | regret 후회하다 | surrender
항복하다 | weep 울다 | shelter 보호소 | trust 신뢰하다

UNIT

that / if / whether

that이 이끄는 문장은 '~라는 것'이라고 해석이 되며 주어, 목적어, 보어로 사용된다. 목적격일 때 종종 생략이 된다. if는 명사절을 이끌어 '~인지 아닌지'로 쓰인다. 단, 주어로는 사용되지 않는다. 또한 부사절을 이끌어 '만약 ~라면'의 의미로 사용된다. whether는 명사절을 이끌어 '~인지 아닌지'로 사용된다.

- **That she was on the top of the mountain alone was not true.**
  그녀가 산 정상에 혼자 있었다는 것은 사실이 아니었다.

- **I wonder if Cindy will accept Simon's proposal.**
  난 Cindy가 Simon의 청혼을 받아들일지 궁금하다.

- **We can't predict whether they will arrive on time.**
  난 그들이 제시간에 도착할지 아닐지 예상할 수가 없다.

1 The dwarf admitted that he stole the reddish apple.

주의
2 Please ask him if he will come back to school.
명사절에서는 미래시제는 미래로 써야 해요.

주의
3 She will make a donation if she wins the lottery.
부사절에서는 현재시제가 미래를 대신해요.

4 Can you tell me whether you can come home by seven or not?

주의
5 Whether she likes Matthew or Ken doesn't matter to me.
주어 자리에 if는 잘 쓰지 않아요.

Grammar ✓ Check

명사절의 접속사	해석	주어	목적어	보어
that ~	~라는 것	○	○	○
if ~ (or not) if A or B	~인지 (아닌지) A인지 B인지	×	○	○
whether (or not) ~ whether A or B	~인지 (아닌지) A인지 B인지	○	○	○

부사절의 접속사	해석	비고
if	만약 ~라면	unless: 만약 ~가 아니라면 (= if ~ not …)

6 Cinderella complained (that) her shoe was too small.

목적절을 이끄는 that은 생략할 수 있어요.

7 I'll buy this figure if it's not too expensive.

8 I'm not sure whether that rule is just for dogs or all pets.

9 A How do you know **whether or not** someone likes you?

whether는 or not과 바로 붙여 쓸 수 있어요.

   B Look at the person's eyes when he or she smiles.

10 They will forgive you if you apologize. But if you don't, they won't.

11 OMG! I dropped my phone in the toilet. I don't know whether it will work.

12 Andrew noticed that he wasn't paying attention,
so he headed to nearby wall and started to run on it!

구문UP Fill in the blanks with *that, if* or *whether* using the given words.

13 Most people think _____ Ralph _____ the money. (steal)

대부분의 사람들은 Ralph가 그 돈을 훔쳤다고 생각한다.

14 _____ you scratch my back, I'_____ _____ yours. (scratch)

네가 나의 등을 긁어준다면, 난 너의 등을 긁어주겠다.

15 I'm waiting for an important call. _____ _____ _____ the battery

_____ _____ is my biggest concern. (charge)

중요한 전화를 기다리고 있어. 배터리가 충전이 되었는지 아닌지가 나의 가장 큰 걱정이야.

Vocabulary

proposal 청혼 | **predict** 예상하다 | **on time** 제 시간에 | **dwarf** 난장이 | **admit** 인정하다 | **reddish** 불그스레한 | **make a donation** 기부하다 | **matter** 중요하다 | **complain** 불평하다 | **apologize** 사과하다 | **toilet** 변기 | **notice** 알아차리다 | **pay attention** 집중하다 | **nearby** 근처의, 인근의 | **scratch** 긁다 | **charge** 충전하다

49

when / while

when은 '～할 때'라는 의미로 부사절을 이끈다. while은 '～하는 동안, ～하는 반면에'라는 의미로 부사절을 이끈다.

UNIT

● **Kate was in her bedroom when the phone rang.**
전화벨이 울렸을 때 Kate는 그녀의 침실에 있었다.

● **Don't relax for a moment while you are working here.**
여기서 일하는 동안 잠시라도 긴장을 늦추지 마라.

1 When I watch movies, I don't eat popcorn.

2 I listened to music while I was waiting for the bus.

주의
3 Mariel doesn't seem happy while she says so.
'반면에'라는 뜻도 있어요.

주의
4 Did Luke go out while I was doing the laundry?
진행형은 while과 잘 어울려요.

5 What do you usually do when you have free time?

6 Somebody took a picture of me while I was talking to Michael.

7 A friend walks in when everyone else walks out.

Grammar Check

부사절의 접속사	의미
when	～할 때
while	～하는 동안 ～하는 반면에

8 Sally is in charge of the project when the leader is absent.

9 He was holding his newborn while he was **discussing** names with his wife.
타동사라 about을 쓰지 않아요.

10 **Some** feel naked when they lose their phones.
대명사로 쓰여서 '어떤 사람들'이라는 의미로 쓰였어요.

11 You should clean the house while we are eating dinner at the restaurant.

12 While Seismico was still unaware of what had happened, Andrew increased his running speed enough to make a big jump from the wall to Seismico.

구문UP **Fill in the blanks with *when* or *while* using the given words.**

13 _____ I _____ a kid, my family _____ on the Cook Islands. (be, live)

내가 어렸을 때 우리 가족은 쿡 제도에서 살았다.

14 _____ he _____ a shower every day, he rarely _____ his teeth. (take, brush)

그가 샤워를 매일 하는 반면에 그는 좀처럼 이를 닦지 않는다.

15 I _____ basketball _____ my girlfriend _____ _____ _____ me from the stands. (play, look at)

나는 내 여자친구가 관중석에서 나를 보고 있는 동안 농구를 했다.

📃 **Vocabulary**

for a moment 잠시동안 | **do the laundry** 빨래하다 | **in charge of** ~을 담당하여 | **absent** 부재의 | **newborn** 갓 태어난 아기 | **discuss** 논의하다 | **naked** 벌거벗은, 무방비로 노출된 | **unaware** ~을 알아차리지 못하다 | **rarely** 좀처럼 ~하지 않는 | **stand** 관중석

50

as

시간의 의미로 '∼할 때, ∼하면서', 이유의 의미로 '∼이므로', 양태의 의미로 '∼처럼, ∼대로'로 사용된다.

- **As Mary has a phobia of water, she doesn't swim.**
  Mary는 물에 대한 공포가 있기 때문에, 수영을 하지 않는다.

- **As it was a public holiday, the shop was closed.**
  공휴일이었기 때문에, 그 가게는 문이 닫혀 있었다.

1 As Jeffrey wasn't ready, we went without him.

2 Josh ran into his teacher as he spat on the road.

3 Nicholas tripped as he ran down the hall.

4 As we walked down the street, a beggar asked if we could give him a dollar.

5 The old man ate a hot dog as he was sitting on a bench.

6 As Bill didn't pay the bill, his electricity was cut off.

7 As Hilton's salary was so high, she bought a new car every other month.

Grammar ✓ Check

부사절의 접속사	의미
as	∼할 때 (= when)
	∼하면서
	∼대로
	∼하기 때문에, ∼해서 (= because)

8 The train whistle blew as it **approached** the station.
approach는 타동사로 +O를 쓰지 않아요.

9 Mom Are you angry with me as I saw the text message?
   Daughter Yes. It was a secret message from my boyfriend.

10 The child was very happy with the gift as it was exactly what he wanted.

11 All you have to do is to do everything as you're told. No questions!

12 As Andrew jumped onto Seismico from the wall, he couldn't do anything as he was not on the ground.

구문UP **Write the meaning of the underlined word.**

13 Do <u>as</u> the Romans do when in Rome.
로마에 있을 때는 로마인들이 하는 대로 해라.

14 Nathan kept shaking his leg <u>as</u> he was talking on the phone.
Nathan은 전화통화를 하면서 계속 한 다리를 떨었다.

15 Benjamin is exhausted <u>as</u> he has driven non-stop for twelve hours.
Benjamin은 쉬지 않고 12시간 동안 운전을 하고 있기 때문에 너무 피곤하다.

💬 **Vocabulary** ||||||||||||||||||||||||||||||||||||||||||||||||||||||||||||||||||||||||||||||||||||||||||||||||||||||||||||||||||||||

phobia 공포증 | **public holiday** 공휴일 | **run into** ~와 우연히 마주치다 | **spit** 침을 뱉다(–spat–spat) | **trip** (발이 걸려) 넘어지다 | **hall** 복도 |
bill 청구서, 고지서 | **salary** 월급 | **every other** 하나 걸러[두 … 마다 한 번씩] | **whistle** 기적 소리 | **blow** 불다(–blew–blown) | **exactly** 정확히 |
shake 떨다, 흔들다 | **non-stop** 도중에 정거하지 않는

51

UNIT

since

원인의 접속사로 since는 '~때문에'로 사용된다. 시간의 접속사로 '~이래로'라는 뜻도 있다.

- **Since I don't have homework due tomorrow, I can watch TV tonight.**
  내일까지 마감인 숙제가 없기 때문에, 오늘밤 늦게까지 TV를 볼 수 있다.

- **It has been a full seven years since she left for America.**
  그녀가 미국으로 떠난 이래로 만 7년이다.

1 Jin couldn't go out since she had LASIK eye surgery.

2 It has been a long time since I last saw you, buddy!

3 Sena started to walk faster since she thought somebody was following her.

주의
4 We haven't eaten anything since we got here.
since절에는 과거가 주절에는 현재완료가 잘 어울려 사용돼요.

5 Courtney wants to be a kindergarten teacher since she loves kids.

6 Since this is our last warning, I urge you to surrender.

7 Cathy hasn't posted on her Facebook since she went to Berlin.

Grammar ✓ Check

부사절의 접속사	의미
since	~하기 때문에, ~해서 (= because) ~이후로, ~이래로

8 We have to stay in another place since our home is being repaired.
현재 진행형 수동태의 형태에요.

9 Since their camping van broke down, they decided to travel overseas.

10 A When will you visit your grandfather?
B We'll come over on Sunday since he has to work on Saturday.

11 Jisu will be kicked out since she broke the dorm rules many times.

12 Since Flashman was moving so fast, his jump allowed him to smack into Seismico and knock him out! Yes, our hero Flashman just won his first battle against a villain!

구문UP Fill in the blanks with *since* using the given words.

13 Twenty-four months _____ _____ _____ my daughter _____ born. (pass, be)
내 딸이 태어난 이래로 24개월이 지났다.

14 He lost his way _____ it _____ his first time in Hong Kong. (be)
그는 홍콩에 온 것이 처음이었기 때문에 길을 잃었다.

15 He ran away from home _____ his mom _____ the Wi-Fi password. (change)
그의 엄마가 와이파이 비밀번호를 바꿔서 그는 집을 뛰쳐 나갔다.

💬 **Vocabulary**

surgery 수술 | buddy 친구 | kindergarten 유치원 | warning 경고 | urge 촉구하다 | surrender 항복하다 | break down 고장 나다 | overseas 해외로 | kick out 쫓아내다 | dorm 기숙사 | smack 세게 부딪히다, ~를 때리다 | knock out 정신을 잃게 하다, 기절시키다 | battle 전투

52

not only ~ but also / as well as

not only A but (also) B는 'A뿐만 아니라 B도'라는 뜻이며, B as well as A와 같은 의미이다.

- **Sarah can speak not only Chinese but also Japanese.**
  Sarah는 중국어 뿐 만 아니라 일본어도 말할 수 있다.

- **Not only you but also your friends have similar problems.**
  너 뿐만 아니라 네 친구들도 비슷한 문제가 있다.

1 The meal is not only delicious but also nutritious.

2 The company gave her a car as well as a house.

3 My husband is good at not only cooking but also cleaning.
not only A but also B에서 병렬구조에 맞춰 써야 해요.

4 He as well as I is looking forward to going to the zoo.
주어는 he이므로 is를 써야 해요.

주의
5 Not only white but also black looks good on you.
주어는 black이므로 단수동사를 써야 해요.

주의
6 Amy is not only my twin sister but (also) my best friend.
also는 생략가능해요.

7 Mike grilled meat not only for Jessica but also for her dog Roy.

┃┃┃ **Grammar ✓ Check** ┃┃┃

not only A but also B (B as well as A)	A뿐만 아니라 B도

8 When I see your face, I feel hate as well as love all the time.

주의

9 Not only the students but also the teacher **doesn't** know where they are.

'Not only A but also B'가 주어일 때 수와 인칭은 B에 맞춰요.

주의

10 Not only **does Chloe like** tennis, but she also enjoys golf.

주어가 아닌 경우 not only가 문두에 오면 어순이 도치되어요.

11 Trust me. This book is not only useful for your English, but also fun to read.

12 This fight was really meaningful to him because it was not only a victory for him but also a chance to rescue of a number of people!

구문*UP* **Fill in the blanks with *not only ~ but also* or *as well as* using the given words.**

13 Mistakes are _____ _____ _____ _____ _____

_____. (necessary, important)

실수는 필요할 뿐만 아니라 중요하기도 하다.

14 Fruits as well as shade _____ _____ to us by trees. (give)

그늘뿐만 아니라 과일들도 나무들에 의해서 우리에게 주어진다.

주의

15 The teacher _____ _____ _____ the students _____

surprised by the special holiday. (be)

'B as well as A'가 주어일 때 수와 인칭은 B에 맞춥니다.

학생들과 마찬가지로 선생님께서도 특별 휴일에 놀랐다.

💬 **Vocabulary**

similar 비슷한 | **nutritious** 영양가 있는 | **be good at** ~를 잘하다 | **look forward to** ~을 학수고대하다 | **grill** 굽다 | **all the time** 늘, 내내 | **meaningful** 의미 있는 | **victory** 승리 | **rescue** 구조 | **a number of** 많은 | **necessary** 필요한 | **plot** 줄거리, 구성 | **outstanding** 뛰어난

꼬리에 꼬리를 무는 문장 ❹

애송이 녀석! 내가 오늘 너를 이김으로써, 지상에서 가장 강력한 히어로는 나라는 걸 증명하겠다!

앞서 학습한 유닛에서 표시된 🔗 문장을 이으면 멋진 슈퍼 히어로 Andrew의 이야기가 펼쳐집니다!

Read the following and answer the questions.

"I understand, I will make him regret what he did. He put so many people ① **in danger**!" Andrew answered.[40] Andrew ran into Seismico with lightning speed and felt the ground shaking.[41] The God said, "Don't get knocked down! I can't help you fight him because it's your own fight."[42] Unfortunately, Andrew couldn't keep his posture steady on the shaking ground and ② **fell down**.[43] Seismico said, "Ha ha ha... It is your destiny to die here today by my power!"[44] Andrew thought to himself while standing up, "[once, loser, down, make, It, that, I, me, fell, doesn't, a].[45] It seems that I can run on walls because I am really fast. Then his earthquakes cannot knock me down when I am not running on the ground!"[46] Laughing loudly, Seismico cried out, "Ha ha ha! Surrender, or I'll kill you!"[47] Andrew noticed that he wasn't ③ **paying attention**, so he headed to nearby wall and started to run on it![48] While Seismico was still unaware of what had happened, Andrew increased his running speed enough to make a big jump from the wall to Seismico.[49] As Andrew jumped onto Seismico from the wall, he couldn't do anything as he was not on the ground.[50] Since Flashman was moving so fast, his jump allowed him to smack into Seismico and ④ **knock him out**!

Yes, our hero Flashman just won his first battle against a villain![51] This fight was really meaningful to him because it was not only a victory for him but also a chance to rescue ⑤ **a number of** people![52]

* 구문 활용 독해문장 뒤의 번호는 해당 문장이 삽입되어 있는 유닛입니다.

1 Which is the <u>correct</u> word for the definition?

To feel sorry, disappointed, distressed

① notice ② knock ③ regret ④ realize ⑤ increase

2 Which of the following is <u>not</u> matched?

① 위험에 빠진 ② 넘어졌다 ③ 방심한 ④ 기절하다 ⑤ ~의 수

3 Rearrange the given words in correct order.

내가 한 번 넘어졌다고 내가 패배자가 되는 건 아니야.

[once, loser, down, make, It, that, I, me, fell, doesn't, a].

Vocabulary

regret 후회하다 | **put ~ in danger** ~를 위험에 처하게 하다 | **lightning** 번개; 번개 같은 | **ground** 땅, 지면 | **posture** 자세 | **steady** 안정된, 흔들림 없는 | **fall down** 넘어지다 | **destiny** 운명 | **loser** 패배자 | **once** 한번 | **then** 그렇다면, 그러면 | **wall** 벽 | **notice** 알아차리다 | **off one's guard** 방심한 | **nearby** 근처의, 인근의 | **realize** 깨닫다, 알아차리다 | **then** 그 다음에 | **smack** 세게 부딪히다, ~를 때리다 | **pass out** 정신을 잃다, 기절하다 | **battle** 전투 | **meaningful** 의미 있는 | **victory** 승리 | **rescue** 구조 | **a number of** 많은

119

내공 중학영어독해 시리즈

내신 공략! 독해 공략!
내신이 쉬워지는 중등독해 시리즈

입문 ❶❷ | 중1 대상

기본 ❶❷ | 중2 대상

실력 ❶❷ | 중3 대상

- 재미있고 다양한 소재의 32개 지문
- 중학교 영어 교과서 핵심 문법 사항 연계
- 내신 대비 서술형 문항 최다 수록
- 어휘·문법·문장 쓰기 훈련을 위한 워크북 제공
- 내신 기출 유형으로만 구성된 추가 문항 제공
- 어휘·지문 듣기 QR코드 및 모바일웹 서비스 지원

www.darakwon.co.kr

문법품은 **구문으로** ~ 재미폭발 **이야기로** ~

신 내공 중학 영어 구문 2

김한나 | 김현우 | 송승룡 | 김형규 | 이건희

다락원 내공
중학영어구문 ~

WORKBOOK

※ 이 책에 제시된 정답은 본 교재의 문장을 위주로 학습하기위한 모범답안이며 문법 상 오류 없는 복수의 정답이 가능할 수 있습니다.

WORKBOOK

01

be동사

be동사는 인칭과 수에 따라서 현재형은 am, are, is를 쓰고 과거형은 _____, _____를 사용한다.

_____

그의 연설은 듣기에 좋지 않았다.

_____

A: Lynn과 Amy가 함께 파티에 갔었니?   B: 응, 그랬어.

Let's Walk! 빈칸에 알맞은 말을 쓰시오. (am, are, is)

1 Life _____ a beautiful struggle.
삶은 아름다운 투쟁이다.

2 The authors of the God of Inner Power _____ geniuses!
내공의 신·이야기의 작가들은 천재야!

3 A _____ Big Ben in Paris?   B No. It _____ in London.
A: 빅벤이 파리에 있니?   B: 아니. 그것은 런던에 있어.

Let's Run! 다음 문장이 어법적으로 옳으면 T, 틀리면 F하고 틀린 부분을 고쳐 쓰시오.

4 The remote controller was not on the table.　　　□ T □ F

5 You was always a good teacher to your students.　　　□ T □ F

6 Elizabeth are my mother-in-law.　　　□ T □ F

Let's Jump! 다음 문장을 해석하시오.

7 He was a good son to his parents for his entire life.

8 Once upon a time, there was an ugly but kind princess.

9 Mr. Dilandro was not her favorite professor back then.

Let's Fly! 다음 문장을 영작하시오.

10 다음 주어진 문장과 같은 뜻이 되도록 재배열 하시오.
David Beckham이 레알 마드리드에서 인기 있는 선수였나요?
(popular, at, a, Real Madrid, David Beckham, player, was)

11 다음 주어진 문장과 같은 뜻이 되도록 주어진 단어 중 필요한 것만 골라 재배열 하시오.
Robert는 2년 전에 변호사였지만 지금은 아니다.
(was, ago, lawyer, a, is, Robert, were, two years, not, but, he's, now)

12 다음 조건에 맞게 우리말을 영작하시오.
청소년기는 급속한 변화의 시기이다.

① 주어와 동사가 있는 완전한 문장으로 쓸 것　② 7단어로 쓸 것

02

UNIT

일반동사

be동사와 조동사를 제외한 나머지 동사를 일반동사라고 한다. 주어가 3인칭 _____ 이며 현재일 때 '-s, -es'를 붙인다

_____

난 그녀를 모르지만 매우 착한 소녀인 것 같다.

_____

A: Andy는 토요일마다 일하니?   B: 아니, 결코 아냐.

Let's Walk! 빈칸에 알맞은 말을 쓰시오. (play, fly, start)

1 As there's no wind, kites don't _____ well.
바람이 없기 때문에 연들이 잘 날지 않는다.

2 School announcement Easter holidays _____ on 12th April.
교내 방송: 부활절 휴일이 4월 12일에 시작합니다.

3 We don't _____ soccer on Saturday evenings.
우리는 매주 토요일 저녁에 축구를 하지 않는다.

Let's Run! 다음 문장이 어법적으로 옳으면 T, 틀리면 F하고 틀린 부분을 고쳐 쓰시오.

4 Does Charles wants to run for class president?　　　☐ T ☐ F

5 The Amazon River provides a lot of oxygen.　　　☐ T ☐ F

6 He usually play the guitar during his break time.　　　☐ T ☐ F

Let's Jump! 다음 문장을 해석하시오.

7 I didn't want to be an adult like my sister.

8 She ate *samgyupsal* alone at the restaurant last weekend.

9 Do writers usually make a lot of money?

Let's Fly! 다음 문장을 영작하시오.

10 다음 주어진 문장과 같은 뜻이 되도록 재배열 하시오.
고대 이집트인들은 그들의 사체를 미라로 만들었다.
(dead, Egyptians, the, their, ancient, mummified)

11 다음 주어진 문장과 같은 뜻이 되도록 주어진 단어 중 필요한 것만 골라 재배열 하시오.
남아프리카공화국의 사람들도 민주주의를 가지고 있나요?
(people, does, also, do, have, South Africa, domocracy, has, in the Republic of)

12 다음 조건에 맞게 우리말을 영작하시오.
영화 초반에, 테러범들이 대통령의 딸을 납치했다.

① 주어와 동사가 있는 완전한 문장으로 쓸 것 ② 11단어로 쓸 것

03

UNIT

현재진행형

현재에 진행중인 경우에 쓰며 「am / are / is + _____」의 형태이고 '~하고 있는 중이다'라고 해석한다.

_____

봐봐! 누군가 네 차로 들어가려고 하고 있어.

_____

이 계산기는 제대로 작동하지 않고 있다.

Let's Walk! 빈칸에 알맞은 말을 쓰시오. (dance, watch, color)

1 Dan _____ in the dancing room.
Dan은 무용실에서 춤을 추고 있다.

2 You _____ the most boring movie of the year.
여러분은 올해의 가장 지루한 영화를 시청하고 계십니다.

3 The boy _____ pictures of animals in the zoo.
그 소년은 동물원의 동물 그림들을 색칠하고 있다.

Let's Run! 다음 문장이 어법적으로 옳으면 T, 틀리면 F하고 틀린 부분을 고쳐 쓰시오.

4 The company's financial situation are not getting better.　　□ T □ F

5 Is you cheating now? Get out!　　□ T □ F

6 Eli isn't showing his full potential in this competition.　　□ T □ F

Let's Jump! 다음 문장을 해석하시오.

7 Okay, okay, you win. I'm admitting defeat.

8 Am I doing something wrong to you now?

9 It's midnight. But Frode is playing the drum, so I can't sleep well.

Let's Fly! 다음 문장을 영작하시오.

10 다음 주어진 문장과 같은 뜻이 되도록 재배열 하시오.
내 친구는 끊임없이 나에게 돈을 요구한다. 그것은 정말 짜증난다.
(is, me, money, it's, annoying, my, friend, constantly, asking, really, for)

11 다음 주어진 문장과 같은 뜻이 되도록 주어진 단어 중 필요한 것만 골라 재배열 하시오.
James는 임신한 그의 아내를 위해 샌드위치를 준비하고 있다.
(are, sandwich, wife, for, preparing, is, James, pregnant, his, prepare, a)

12 다음 조건에 맞게 우리말을 영작하시오.
그는 화장실에서 이 닦고 있어요.

① 주어와 동사가 있는 완전한 문장으로 쓸 것　② 8단어로 쓸 것(brush)

04

과거진행형

과거에 진행중이었던 경우에 쓰며 「_____ + -ing」의 형태이고 '~하고 있는 중이었다'라고 해석한다.

_____

미안, 듣지 못했어. 다시 한 번 얘기해 줄래?

_____

지난 주 이 시간에 난 플로리다의 해변에 누워있었다.

Let's Walk! 빈칸에 알맞은 말을 쓰시오. (make, smile, watch)

1 An hour ago, we _____ a house for the ducklings.
  한 시간 전에 우리는 새끼 오리들을 위해 집을 만들고 있었다.

2 She _____ at me when I arrived.
  내가 도착했을 때 그녀는 나를 보며 미소 짓고 있었다.

3 The monkeys _____ me.
  원숭이들이 나를 바라보고 있었다.

Let's Run! 다음 문장이 어법적으로 옳으면 T, 틀리면 F하고 틀린 부분을 고쳐 쓰시오.

4 We weren't getting enough allowance.　　　　□ T □ F

5 When you visit the Venice Beach, were it raining?　　□ T □ F

6 We were took a cold shower after being in the sauna.　□ T □ F

Let's Jump! 다음 문장을 해석하시오.

7 Jerry was looking for his five-year-old dog every day last month.

8 When I phoned my friends, they were playing the board game.

9 She was looking for someone to eat chicken with.

Let's Fly! 다음 문장을 영작하시오.

10 다음 주어진 문장과 같은 뜻이 되도록 재배열 하시오.
  Jacob이 화장실에 있는 동안, 그의 고양이들이 그의 스테이크를 먹고 있었다.
  (Jacob, the, his, were, his, while, was, in, cats, bathroom, steaks, eating)

11 다음 주어진 문장과 같은 뜻이 되도록 주어진 단어 중 필요한 것만 골라 재배열 하시오.
  나는 "너 울고 있었니?"라고 물었다. 하지만 그녀는 대답하지 않았다.
  (but, you, was, I, were, she, asked, crying, doesn't, answer, didn't)

12 다음 조건에 맞게 우리말을 영작하시오.
  눈이 오고 있었고, 아이들은 캐럴을 부르고 있었다.

  ① 주어와 동사가 2개가 있는 완전한 과거 진행 문장 　② 접속사 and 사용할 것 　③ 8단어로 쓸 것

미래시제

미래에 대한 표현은 「will + 동사원형」으로 나타낸다. 미리 계획한 경우에는 「am / are / is + going + to
_____」으로 나타내며, be동사는 주어와 시제에 맞게 사용한다.

2020년에 모든 학생들이 학교에서 자신만의 컴퓨터를 갖게 될 것이다.

우리는 다음 달에 새 차를 살 예정이다.

Let's Walk! 빈칸에 알맞은 말을 쓰시오. (throw, go, reduce)

1 Warming up before exercise will _____ your injuries.
운동 전 준비운동은 당신의 부상을 줄일 것이다.

2 Grace will _____ a coin to decide her lunch.
Grace는 그녀의 점심 메뉴를 결정하기 위해 동전을 던질 것이다.

3 Will he _____ to the exhibition with me this Sunday?
그가 이번 일요일에 나와 전시회를 보러 갈까?

Let's Run! 다음 문장이 어법적으로 옳으면 T, 틀리면 F하고 틀린 부분을 고쳐 쓰시오.

4 Mom, I will never talking back to you. I promise. ☐ T ☐ F

5 The year 2222 are going to be a very interesting year. ☐ T ☐ F

6 Everyone will laughs at Paul's ridiculous shoes. ☐ T ☐ F

Let's Jump! 다음 문장을 해석하시오.

7 Samuel won't give up his hope of finding employment.

8 I am going to move to Melbourne when I retire.

9 That car is driving too fast! Oh, no, it is going to crash!

Let's Fly! 다음 문장을 영작하시오.

10 다음 주어진 문장과 같은 뜻이 되도록 재배열 하시오.
그 피아노가 Mike의 18번째 생일 선물로 충분할까?
(be, for, 18th, will, piano, birthday, the, enough, present, Mike's)

11 다음 주어진 문장과 같은 뜻이 되도록 주어진 단어 중 필요한 것만 골라 재배열 하시오.
그녀는 도미니카에서 그녀의 휴가를 보내지 않을 것이다.
(is, going, she, not, spend, her vacation, in Dominica, are, spendse, to)

12 다음 조건에 맞게 우리말을 영작하시오.
그들이 정말로 우주 박람회를 즐길까요?

① 주어와 동사가 있는 완전한 문장으로 쓸 것 ② 7단어로 쓸 것

06

현재완료: 경험

현재완료란 과거에 시작된 동작이나 상태가 현재까지 영향을 미치는 시제를 말하며, 「have/has + _____」의 형태를 쓴다. 경험 용법은 '~한 적이 있다'라는 의미이다.

미나는 그 영화를 여러 번 봤다.

A: 넌 이 이야기 들어본 적이 있니?   B: 아니, 그런 적 없어.

Let's Walk! 빈칸에 알맞은 말을 쓰시오. (meet, use, call)

1 Mr. Doubt has _____ his girlfriend thirty times today.
Doubt 씨는 오늘 그의 여자친구에게 서른 번 전화했다.

2 Have we _____ before?
우리가 전에 만난 적이 있나요?

3 He has never _____ an expensive camera.
그는 비싼 카메라를 사용해 본 적이 없다.

Let's Run! 다음 문장이 어법적으로 옳으면 T, 틀리면 F하고 틀린 부분을 고쳐 쓰시오.

4 I haven't see you in ages.　　　　　　　　□ T □ F

5 How many times have I tell you, huh?　　　□ T □ F

6 The Korean-American has visited North Korea twice.　□ T □ F

Let's Jump! 다음 문장을 해석하시오.

7 I've never eaten monkey brains before.

8 I have tried to wake Alice up many times, but I couldn't.

9 I have been to Tokyo once to have lunch.

Let's Fly! 다음 문장을 영작하시오.

10 다음 주어진 문장과 같은 뜻이 되도록 재배열 하시오.
그 고양이는 전에 심각하게 그 개를 할퀸 적이 있다.
(dog, before, the, has, the, seriously, cat, scratched)

11 다음 주어진 문장과 같은 뜻이 되도록 주어진 단어 중 필요한 것만 골라 재배열 하시오.
내가 최근에 당신을 사랑한다고 말한 적이 있나요?
(told, lately, I, has, that, tell, have, you, love you, I)

12 다음 조건에 맞게 우리말을 영작하시오.
이 게임에서 몇 번이나 레어템을 발견해 보셨나요?
① 주어와 동사가 있는 완전한 문장으로 쓸 것　② 11단어로 쓸 것　③ 현재완료의문문의 형태로 쓸 것　④ 레어템: rare item

07

현재완료: 계속

「_____ + 과거분사」의 형태이고, 계속 용법은 '~해 오고 있다'라는 의미이다.

_____

난 두 달 동안 엄마를 보지 못했다.

_____

동호는 2006년부터 독일에 살고 있다.

Let's Walk! 빈칸에 알맞은 말을 쓰시오. (have, play, know)

1 A How long _____ you _____ Mr. Bennigan? B Since last week.
A: 당신은 Bennigan 씨를 얼마나 오래 알았나요?   B: 지난주부터입니다.

2 She _____ _____ the clarinet steadily for ten years.
그녀는 10년 동안 꾸준히 클라리넷을 연주하고 있다.

3 Dianne _____ _____ a cold since last week.
Dianne은 지난주부터 감기에 걸려 있었다.

Let's Run! 다음 문장이 어법적으로 옳으면 T, 틀리면 F하고 틀린 부분을 고쳐 쓰시오.

4 Sam has work for NYPD for six years.   □ T □ F

5 I haven't studied math since I was a 1st grader.   □ T □ F

6 The two countries has fought over the city since the 19th century. □ T □ F

Let's Jump! 다음 문장을 해석하시오.

7 Have the tribes helped each other for a long time?

8 Cho Kwon has prepared to become a singer for eight years.

9 You have not paid the rent for 2 months. You need to move out now!

Let's Fly! 다음 문장을 영작하시오.

10 다음 주어진 문장과 같은 뜻이 되도록 재배열 하시오.
나는 지난 여름부터 이 도시에 머물러 왔다.
(since, have, I, in, last, this, summer, stayed, city)

11 다음 주어진 문장과 같은 뜻이 되도록 주어진 단어 중 필요한 것만 골라 재배열 하시오.
이상하게 그 검은 차는 지난달부터 저기에 있었다.
(have, over, strangely, the black car, has, is, since last month, been, there)

12 다음 조건에 맞게 우리말을 영작하시오.
너는 얼마나 오랫동안 네 전화기를 사용해왔니?

① 주어와 동사가 있는 완전한 문장으로 쓸 것 ② 7단어로 쓸 것 ③ 현재완료를 사용할 것

08

현재완료: 완료

「_____ + _____」의 형태이고, 완료 용법은 '막 ~했다'라는 의미이다.

_____

그 택배기사가 아직 오지 않았다.

_____

Jason이 그의 방 청소를 막 끝냈다.

Let's Walk! 빈칸에 알맞은 말을 쓰시오. (watch, call, pass)

1 Jim _____ _____ her yet.
   Jim은 아직도 그녀에게 전화를 걸지 않았다.

2 I _____ already _____ this movie.
   나는 이 영화를 이미 보았다.

3 Congrats! You _____ just _____ your driving test.
   축하해! 너는 방금 운전 시험을 통과했어.

Let's Run! 다음 문장이 어법적으로 옳으면 T, 틀리면 F하고 틀린 부분을 고쳐 쓰시오.

4 We were too early. The shop hasn't opened yet.　　　□ T □ F

5 The patient have already heard about his illness.　　　□ T □ F

6 The vendors has already left for Hwagyae Market.　　　□ T □ F

Let's Jump! 다음 문장을 해석하시오.

7 The kids have just bowed for their parents for New Year's.

8 We have just missed the plane! What should we do now?

9 (yawning) Mom, I've already woken up. Please stop knocking on the door.

Let's Fly! 다음 문장을 영작하시오.

10 다음 주어진 문장과 같은 뜻이 되도록 재배열 하시오.
   A: 태즈메이니아를 언제 방문하실 예정인가요?　B: 아직 결정하지 못했습니다.
   (will, Tasmania, haven't, yet, when, you, decided, visit, I)

11 다음 주어진 문장과 같은 뜻이 되도록 주어진 단어 중 필요한 것만 골라 재배열 하시오.
   막 점심을 먹었지만, 같이 먹을게.
   (I've, but, will, you, have, us, to, has, just, lunch, I, eaten, join)

12 다음 조건에 맞게 우리말을 영작하시오.
   아니오, 그녀는 막 집으로 갔습니다.

   ① 주어와 동사가 있는 완전한 문장으로 쓸 것　② 6단어로 쓸 것

09

UNIT

현재완료: 결과

「have / has + 과거분사」의 형태이고, 결과 용법은 '~해 버렸다(그래서 _____ …하다)'라는 의미이다.

_____

난 도서관에서 내 사전을 잃어버렸다.

_____

우리 엄마는 부산에 가셨다.

Let's Walk! 빈칸에 알맞은 말을 쓰시오. (purchase, borrow, go)

1 Henry _____ some books from Ann.
Henry는 Ann으로부터 책들을 좀 빌렸다.

2 They _____ to the cinema. Now I'm by myself.
그들은 영화관에 가버렸어. 이제 난 혼자야.

3 The Navy _____ a new yellow submarine.
해군은 새로운 노란색 잠수함을 구매했다.

Let's Run! 다음 문장이 어법적으로 옳으면 T, 틀리면 F하고 틀린 부분을 고쳐 쓰시오.

4 Chucky has lost his overalls. ☐ T ☐ F

5 He has finally find his wedding ring on the beach. ☐ T ☐ F

6 Oh no! I have leave my purse at home. I have to go back home. ☐ T ☐ F

Let's Jump! 다음 문장을 해석하시오.

7 Be careful! I have spilt oil on the floor.

8 Because of your help, I have found my credit card. Thank you, officer!

9 The car dealer has sold fifty cars this month.

Let's Fly! 다음 문장을 영작하시오.

10 다음 주어진 문장과 같은 뜻이 되도록 재배열 하시오.
Norris는 모든 복권 당첨금을 써버렸다.
(winnings, spent, Norris, lottery, all, has, his)

11 다음 주어진 문장과 같은 뜻이 되도록 주어진 단어 중 필요한 것만 골라 재배열 하시오.
그녀는 집으로 가는 길에 다리가 부러졌다.
(she, have, her leg, break, on her way home, broken, her neck, has)

12 다음 조건에 맞게 우리말을 영작하시오.
그는 가족과 함께 막 영국으로 가버렸다.

① 주어와 동사가 있는 완전한 문장으로 쓸 것 ② 9단어로 쓸 것 ③ 현재완료 형태를 사용할 것

10

would vs. used to

would는 과거의 반복된 규칙적인 행위를 나타내며, 상태로는 쓰지 않는다. used to 동사원형은 _____ 에는 더 이상 하지 않는 _____ 의 습관이나 상태를 나타낸다.

Eric은 어렸을 때 수영하러 가곤 했다.

Kate의 언니는 비행기 승무원이었다.

Let's Walk! 빈칸에 알맞은 말을 쓰시오. (would, used to)

1 Our school _____ be a cemetery.
우리 학교는 공동묘지였었다.

2 In summer, they _____ walk along the beach.
여름에 그들은 해변을 따라 걷곤 했다.

3 My sister _____ dance to become a ballerina.
내 여동생은 발레리나가 되기 위해 춤을 추곤 했었다.

Let's Run! 다음 문장이 어법적으로 옳으면 T, 틀리면 F하고 틀린 부분을 고쳐 쓰시오.

4 They didn't use(d) to going climbing in winter. ☐ T ☐ F

5 I used to has short hair when I was a teenager. ☐ T ☐ F

6 Simon used not to think about his future before he met his wife. ☐ T ☐ F

Let's Jump! 다음 문장을 해석하시오.

7 My grandmother would enjoy ice fishing alone.

8 I never used to eat peas. I thought they tasted terrible, but now I like them.

9 We used to swim in this river. Unfortunately, now it's forbidden.

Let's Fly! 다음 문장을 영작하시오.

10 다음 주어진 문장과 같은 뜻이 되도록 재배열 하시오.
지난 겨울에는 이 해변에 아무도 없었다.
(to, anyone, this, winter, there, not, used, on, last, be, beach)

11 다음 주어진 문장과 같은 뜻이 되도록 주어진 단어 중 필요한 것만 골라 재배열 하시오.
엄마, 그 여배우는 젊고 날씬해 보이곤 했었나요?
(look, mom, do, the actress, young and slim, to, did, use, looking)

12 다음 조건에 맞게 우리말을 영작하시오.
나는 아버지와 체스를 할 때 항상 졌다.
① 주어와 동사가 있는 완전한 문장으로 쓸 것 ② 11단어로 쓸 것 ③ would를 사용할 것

11

ought to

'∼해야 한다'라는 뜻으로 should와 같은 의미이다. 부정문은 「주어 + ought + _____ + _____ ∼」이다.

_____

여러분은 선생님의 충고를 들어야 한다.

_____

우리는 여기에서 길을 건너서는 안 된다.

Let's Walk! 빈칸에 알맞은 말을 쓰시오. (carry, take, ask)

1 You _____ for your teacher's permission.
너는 선생님의 허락을 요청해야 해.

2 You _____ in too much caffeine.
지나치게 많은 카페인을 섭취하면 안 됩니다.

3 We _____ so much cash while traveling.
우리는 여행하는 동안 그렇게 많은 현금을 지니고 다니면 안 된다.

Let's Run! 다음 문장이 어법적으로 옳으면 T, 틀리면 F하고 틀린 부분을 고쳐 쓰시오.

4 The work to ought be complete by noon. ☐ T ☐ F

5 The leader ought to is ashamed of herself. ☐ T ☐ F

6 You ought to turn off your cell phone in the theater. ☐ T ☐ F

Let's Jump! 다음 문장을 해석하시오.

7 You ought to be quiet in public places.

8 We ought to drink enough water when we exercise.

9 The restroom floor is slippery, so you ought to clean it.

Let's Fly! 다음 문장을 영작하시오.

10 다음 주어진 문장과 같은 뜻이 되도록 재배열 하시오.

너는 너무 과하게 운동하지 않아야 해. 부상을 일으킬 수 있어.

(exercise, you, to, ought, not, it, cause, may, much, injury, too)

11 다음 주어진 문장과 같은 뜻이 되도록 주어진 단어 중 필요한 것만 골라 재배열 하시오.

우리는 우리의 정책을 바꿔야 합니다.

(change, we, don't, ought to, would, our policy)

12 다음 조건에 맞게 우리말을 영작하시오.

너는 너의 호흡을 조절해야 해.

① 주어와 동사가 있는 완전한 문장으로 쓸 것 ② 6단어로 쓸 것

12

조동사 had better

'~하는 게 더 좋다'라는 뜻이다. 보통 should나 _____ 보다 더 강한 의미이다.

_____

난 몸이 좋지 않아. 지금 집에 가는 게 좋겠어.

_____

네가 어젯밤에 무엇을 했는지 그녀에게 말하지 않는 게 좋겠다.

Let's Walk! 빈칸에 알맞은 말을 쓰시오. (drive, meet, talk)

1 I _____ you.
나는 너를 만나지 않는 편이 낫겠다.

2 You _____ fast because it's snowing.
눈이 내리기 때문에 빨리 운전하지 않는 게 좋을 겁니다.

3 You two _____ to each other for the moment.
너희 둘은 당분간 서로에게 말을 걸지 않는 것이 좋겠다.

Let's Run! 다음 문장이 어법적으로 옳으면 T, 틀리면 F하고 틀린 부분을 고쳐 쓰시오.

4 You better had unplug the iron before you clean it. □ T □ F

5 You'd not better go out in this hot weather. You're going to melt. □ T □ F

6 We'd better not miss the start of his presentation. □ T □ F

Let's Jump! 다음 문장을 해석하시오.

7 You'd better hurry, or there will be no tacos left.

8 A You'd better not talk to Stuart now.
   B Why?
   A I don't know, but he is in a bad mood.

9 You'd better do your homework while I'm showing my smiling face.

Let's Fly! 다음 문장을 영작하시오.

10 다음 주어진 문장과 같은 뜻이 되도록 재배열 하시오.
그의 스마트폰을 건드리지 않는게 좋을 거야. 화를 낼 거거든.
(smartphone, had, touch, his, be, he, you, better, mad, not, will)

11 다음 주어진 문장과 같은 뜻이 되도록 주어진 단어 중 필요한 것만 골라 재배열 하시오.
그 컵을 버리지 않는 게 낫겠어, 그것은 유용할지도 몰라.
(have, throw, it, might be, you'd, better, thrown, not, useful, that cup, away)

12 다음 조건에 맞게 우리말을 영작하시오.
공식적인 경우야, 그러니 너는 청바지를 입지 않는 게 낫겠어.

① 주어와 동사가 있는 완전한 두 문장으로 쓸 것(단, so로 연결되어 있음) ② 11단어로 쓸 것 ③ 'had better'를 반드시 사용할 것

13

수동태의 기본형

주어가 동작을 받는 대상이 되어서 '~되다'라는 의미이다. 수동태의 기본형은 「주어 + _____ + _____
~ by 행위자(목적격)」이며, be동사는 주어의 인칭과 시제에 따라 바뀐다.

_____
이 시는 많은 사람들에 의해 읽혀진다.

_____
비엔날레는 2년마다 열리니?

_____
그 마카롱은 유명한 요리사에 의해 만들어지지 않았다.

Let's Walk! 빈칸에 알맞은 말을 쓰시오. (speak, proofread, cut)

1 _____ German _____ in all European countries?
독일어는 모든 유럽 국가에서 사용됩니까?

2 All articles _____ _____ before publication.
모든 글은 출판 전에 교정된다.

3 A How often _____ the grass _____? B Once a month, sir.
A: 잔디는 얼마나 자주 깎이나요? B: 한 달에 한번입니다.

Let's Run! 다음 문장이 어법적으로 옳으면 T, 틀리면 F하고 틀린 부분을 고쳐 쓰시오.

4 Cape Town visited by millions of people every year. □ T □ F

5 In any case, private information should not disclosed. □ T □ F

6 Sometimes our efforts are not fully appreciated. □ T □ F

Let's Jump! 다음 문장을 해석하시오.

7 This ice cream shop is run by a woman.

8 The webtoon isn't updated every day.

9 First the apples are picked, then they are cleaned, and finally they're packed and shipped to the market.

Let's Fly! 다음 문장을 영작하시오.

10 다음 주어진 문장과 같은 뜻이 되도록 재배열 하시오.
죄송합니다만, 이 품목은 당신이 선택한 주소로 배송될 수 없습니다.
(but, selected, shipped, to, address, your, can't, sorry, this, item, be)

11 다음 주어진 문장과 같은 뜻이 되도록 주어진 단어 중 필요한 것만 골라 재배열 하시오.
말하기대회 수상자들의 이름이 게시판에 게시되어있다.
(winners, of the speech, contest, is, post, are, on the bulletin board, posted, the names)

12 다음 조건에 맞게 우리말을 영작하시오.
그것들은 장난감 안에 포함되어 있지 않습니다.

① 주어와 동사가 있는 완전한 문장으로 쓸 것 ② 7단어로 쓸 것 ③ 수동태 문장을 사용할 것

14

UNIT

수동태의 시제

과거시제의 수동태의 형태는 「was / were + 과거분사」이다. 진행시제의 수동태는 「＿＿＿＿＿ + ＿＿＿＿＿ + ＿＿＿＿＿」이며, 완료시제의 수동태는 「have / has + been + 과거분사」이다. 미래시제의 수동태는 「will + be + 과거분사」이다.

_____

그 그림은 Chris에 의해 그려지지 않았다.

_____

교실이 Steve와 Kate에 의해 청소되는 중이다.

Let's Walk! 빈칸에 알맞은 말을 쓰시오. (build, raise, sell)

1　A new school ＿＿＿＿＿ ＿＿＿＿＿ ＿＿＿＿＿ by the local council.
　새로운 학교가 지방의회에 의해 건설되어 왔다.

2　Thousands of animals ＿＿＿＿＿ ＿＿＿＿＿ ＿＿＿＿＿ on the factory farms.
　수천 마리의 동물들이 공장식 농장에서 길러져 왔다.

3　＿＿＿＿＿ all the carpets ＿＿＿＿＿ ＿＿＿＿＿ by the salesperson?
　그 판매원에 의해 모든 카펫이 판매되었나요?

Let's Run! 다음 문장이 어법적으로 옳으면 T, 틀리면 F하고 틀린 부분을 고쳐 쓰시오.

4　Gravity discovered by Isaac Newton.　　　□ T □ F

5　Spanish also spoken in Puerto Rico.　　　□ T □ F

6　The windshield of my car was completely broken.　　　□ T □ F

Let's Jump! 다음 문장을 해석하시오.

7　Look! Your car is being towed away by the police.

8　The landfill will not be built near our town.

9　Why was the king chased out by his citizens?

Let's Fly! 다음 문장을 영작하시오.

10　다음 주어진 문장과 같은 뜻이 되도록 재배열 하시오.
　그 우유는 어제 아침에 배달되었다.
　(dilivered, morning, milk, was, the, yesterday)

11　다음 주어진 문장과 같은 뜻이 되도록 주어진 단어 중 필요한 것만 골라 재배열 하시오.
　McBride의 건강상태는 의사들에 의해 관찰되고 있다.
　(McBride, monitored, been, health condition, doctors, are, by, being, of, is, the)

12　다음 조건에 맞게 우리말을 영작하시오.
　1차 세계대전 이후로 전 세계에서 군대에 의해 탱크가 사용되었다.

　① 현재완료시제의 완전한 문장으로 쓸 것　② 14단어로 쓸 것　③ 수동태를 사용할 것

15

by 이외의 전치사를 사용하는 수동태

be surprised _____ (~에 놀라다), be interested _____ (~에 관심이 있다), be worried _____ (~에 대해서 걱정하다)과 같이 by 이외의 전치사를 쓰는 경우가 있다.

_____

그 마을의 모든 집들이 흰 눈으로 덮였다.

_____

Pedro는 경제 문제에 관심이 있다.

Let's Walk! 빈칸에 알맞은 말을 쓰시오. (with, about)

1 The stadium is crowded _____ excited spectators.
그 경기장은 흥분한 관중들로 가득 메워져 있다.

2 Michelle is worried _____ her son's stubbornness.
Michelle은 그녀의 아들의 완고함에 대해 걱정한다.

3 Dennis was pleased _____ his promotion.
Dennis는 승진에 기뻐했다.

Let's Run! 다음 문장이 어법적으로 옳으면 T, 틀리면 F하고 틀린 부분을 고쳐 쓰시오.

4 Akiko's parents were embarrassed because she was married to an American.　□ T □ F

5 The department store is filled of toys for the holiday sale.　□ T □ F

6 Nana was amazed about the change in the children over the last few months.　□ T □ F

Let's Jump! 다음 문장을 해석하시오.

7 Were you tired of the same old office politics and colleagues?

8 The Everest expedition has been caught in a snow storm for three days.

9 Tin foil isn't made of tin. It's made from aluminium.

Let's Fly! 다음 문장을 영작하시오.

10 다음 주어진 문장과 같은 뜻이 되도록 재배열 하시오.
그는 그가 좋아하는 야구팀의 패배에 충격을 받았다.
(team, was, at, loss, his, he, shocked, the, baseball, of, favorite)

11 다음 주어진 문장과 같은 뜻이 되도록 주어진 단어 중 필요한 것만 골라 재배열 하시오.
갈라파고스 군도는 에콰도르에서 서쪽으로 906km에 위치한다.
(in 906 km, the Galapagos Islands, are, is, west of Equador, located, by)

12 다음 조건에 맞게 우리말을 영작하시오.
Malcom X는 아프리카계 미국인들의 상황에 만족해하지 않았다.

① 주어와 동사가 있는 완전한 평서문으로 쓸 것　② 8단어로 쓸 것(Malcom X 제외)　③ 과거시제를 사용할 것

16

동사 + 목적어 + to부정사

want(=would like), ask, advise, tell, allow, expect, cause, order, promise 등의 동사의 목적어 뒤에 목적격 보어로 _____ 가 온다.

_____

그 선생님은 그 어린이들이 늦기를 원하지 않으신다.

_____

그 경찰관은 그 운전자에게 멈추라고 명령했다.

Let's Walk! 빈칸에 알맞은 말을 쓰시오. (cook, come, play)

1 Tony wants his dad _____ with him.
Tony는 그의 아빠가 그와 함께 놀아주기를 원한다.

2 My grandmother told me _____ multi-grain rice.
나의 할머니가 나에게 잡곡밥을 하라고 말씀하셨다.

3 The soldier promised his family _____ back alive.
그 군인은 그의 가족에게 살아서 돌아오겠다고 약속했다.

Let's Run! 다음 문장이 어법적으로 옳으면 T, 틀리면 F하고 틀린 부분을 고쳐 쓰시오.

4 Betty finally allowed her younger sister to enter her room.　□ T □ F

5 My father always advised me for be modest to everybody.　□ T □ F

6 The black ice on the road caused the car spin around.　□ T □ F

Let's Jump! 다음 문장을 해석하시오.

7 We asked our coach to shorten the practice time.

8 Who taught you to hate the color of your skin?

9 I didn't expect her to forgive me, but she did so easily. I feel more scared.

Let's Fly! 다음 문장을 영작하시오.

10 다음 주어진 문장과 같은 뜻이 되도록 재배열 하시오.
그 사장은 모든 직원들에게 일찍 도착하고 늦게 떠나라고 요구한다.
(boss, early, arrive, all, the, requires, late, and, to, employees, leave)

11 다음 주어진 문장과 같은 뜻이 되도록 주어진 단어 중 필요한 것만 골라 재배열 하시오.
나는 가능한 빨리 당신이 와서 나의 생명을 구하길 원해요.
(come, and, my, I, you, want, life, possible, wants, came, on, to, save)

12 다음 조건에 맞게 우리말을 영작하시오.
그 멘토는 우리에게 너무 자만하지 말라고 충고했다.

① 과거시제인 완전한 문장으로 쓸 것　② 11단어로 쓸 것　③ 'proud of oneself'를 반드시 사용할 것

17

목적어로 쓰인 to부정사

_____, _____, plan, _____, expect, agree 등의 동사는 뒤에 목적어로 _____가 뒤따른다.

_____

언제 무용수가 되기로 결심했니?

_____

Alice와 그녀의 친구들은 꽃들을 사기를 원한다.

Let's Walk! 빈칸에 알맞은 말을 쓰시오. (go, dance, get)

1 They planned _____ on a trip to Philadelphia for Christmas.
그들은 크리스마스를 위해서 필라델피아로 여행가는 것을 계획했다.

2 He doesn't love _____ with his new partner.
그는 그의 새 파트너와 함께 춤추는 것을 좋아하지 않는다.

3 Hey! You really expected _____ a promotion. Congrats!
이봐! 자네 승진하길 정말 기대했잖아. 축하해!

Let's Run! 다음 문장이 어법적으로 옳으면 T, 틀리면 F하고 틀린 부분을 고쳐 쓰시오.

4 Everybody likes have fired chicken with cola.　　　　□ T □ F

5 He managed to open the door without the key.　　　　□ T □ F

6 Mija pretended to be a student in order to get a student discount.　□ T □ F

Let's Jump! 다음 문장을 해석하시오.

7 A How's the main actor?
　B We began to find a new actor.

8 A Did he really learn to make panini at home?
　B Yes, I already had a piece. It was fantastic.

9 Mandy promised to take care of our cat while we are on vacation.

Let's Fly! 다음 문장을 영작하시오.

10 다음 주어진 문장과 같은 뜻이 되도록 재배열 하시오.
어린왕자는 그의 꽃에게 함박웃음을 지어주고 싶었다.
(give, prince, big, wanted, to, smile, flower, the, his, little, to, a)

11 다음 주어진 문장과 같은 뜻이 되도록 주어진 단어 중 필요한 것만 골라 재배열 하시오.
1년간 이 아파트 임대하는 것에 동의해요.
(to, year, agree, rent, for, borrow, I, apartment, this, one, the, is)

12 다음 조건에 맞게 우리말을 영작하시오.
Edward는 토론토에서 경제학을 공부하지 않기로 결심했다.

　① 주어와 동사가 포함된 완전한 문장의 형태로 쓸 것　② 8단어로 쓸 것　③ to부정사를 사용할 것

18

보어로 쓰인 to부정사

be동사 다음에 to부정사가 와서 '~이다'라는 뜻으로 쓰인다. ＿＿＿＿＿를 보충 설명해주는 ＿＿＿＿＿ 역할을 한다.

보는 것이 믿는 것이다.

내 꿈은 4개 국어를 말하는 것이다.

Let's Walk! 빈칸에 알맞은 말을 쓰시오. (protect, travel, win)

1 His goal is ＿＿＿＿＿＿ an Olympic gold medal.
그의 목표는 올림픽 금메달을 따는 것이다.

2 My mission here is ＿＿＿＿＿＿ this castle to the end, Your Highness.
이곳에서의 제 임무는 이 성을 끝까지 보호하는 것입니다. 전하.

3 The fastest way to get to Mara Island is ＿＿＿＿＿＿ with your best friend.
마라도까지 가는 가장 빠른 방법은 가장 친한 친구와 여행하는 것이다.

Let's Run! 다음 문장이 어법적으로 옳으면 T, 틀리면 F하고 틀린 부분을 고쳐 쓰시오.

4 The point of the game is to bust ghosts.　　□ T □ F

5 Hyerim likes origami. Her hobby is make paper swans.　　□ T □ F

6 Catherine's wish is to goes back to France someday.　　□ T □ F

Let's Jump! 다음 문장을 해석하시오.

7 A What's a good book?
   B I believe that a good book is to make people think.

8 A What was your New Year's resolution?
   B It was to lose some weight...

9 The purpose of this meeting is to stop global warming.

Let's Fly! 다음 문장을 영작하시오.

10 다음 주어진 문장과 같은 뜻이 되도록 재배열 하시오.
오늘 숙제는 물부족에 대한 다큐멘터리를 시청하는 것이다.
(to, a, homework, watch, today's, water-shortages, about, documentary, is)

11 다음 주어진 문장과 같은 뜻이 되도록 주어진 단어 중 필요한 것만 골라 재배열 하시오.
진 씨의 목표는 한국에 있는 의대 중 한 곳에 들어가는 것이다.
(Korea, Mr. Jin's goal, enter, one of the medical schools, entering, in, is, to)

12 다음 조건에 맞게 우리말을 영작하시오.
그 가수의 꿈은 세상을 더 좋은 세상으로 만드는 것이었다.

① 과거시제를 사용할 것　② 11단어로 쓸 것　③ to부정사를 반드시 사용할 것

19

UNIT

주어로 쓰인 동명사

문장의 앞에 동명사가 주어로 쓰이면 '~_____', '~_____'으로 해석이 된다.

_____

많은 친구를 사귀는 것은 중요하다.

_____

중국어를 말하는 것은 처음에는 어렵다.

Let's Walk! 빈칸에 알맞은 말을 쓰시오. (work, speak, take)

1 _____ a cold shower makes me feel refreshed.
   차가운 물로 샤워를 하는 것은 나를 개운하게 만든다.

2 _____ overtime is quite common in this company.
   초과 근무를 하는 것은 이 회사에서 꽤나 일반적이다.

3 _____ in front of a crowd is difficult.
   관중들 앞에서 말하는 것은 어려워

Let's Run! 다음 문장이 어법적으로 옳으면 T, 틀리면 F하고 틀린 부분을 고쳐 쓰시오.

4 A Do you like spending time with Sarah?   ☐ T ☐ F
   B Not really. Talking with her is so boring.

5 Steal tourists' wallets is my job.   ☐ T ☐ F

6 Stop, children! Jaywalking is very dangerous!   ☐ T ☐ F

Let's Jump! 다음 문장을 해석하시오.

7 A Does taking a nap help get rid of dark circles?
   B Dark circles are not caused by tiredness.

8 Thinking differently is essential for designers.

9 Learning Spanish is not so difficult after learning Italian.

Let's Fly! 다음 문장을 영작하시오.

10 다음 주어진 문장과 같은 뜻이 되도록 재배열 하시오.
   게임을 하는 것은 중독성이 있다.
   (is, games, addictive, playing)

11 다음 주어진 문장과 같은 뜻이 되도록 주어진 단어 중 필요한 것만 골라 재배열 하시오.
   다른 사람들을 위해 요리하는 것은 보람 있다.
   (for, is, are, cooking, rewarding, others)

12 다음 조건에 맞게 우리말을 영작하시오.
   세계 여행을 하는 것은 많은 시간과 돈을 요구한다.

   ① 현재시제에 맞게 쓸 것 ② 11단어로 쓸 것 ③ 동명사를 반드시 사용할 것

20

목적어로 쓰인 동명사

_____, _____, _____, avoid, admit, deny, put off, give up 등의 동사는 뒤에 목적어로
_____를 사용한다.

창문 좀 열어 주시겠어요?

컴퓨터 사용하는 것을 끝마쳤니?

Let's Walk! 빈칸에 알맞은 말을 쓰시오. (walk, shut, work)

1 I'll let you in when I finish _____.
   내가 일을 끝내면 너를 들여보내줄게.

2 A What is wrong with your computer?
   B It keeps _____ down.
   A: 너의 컴퓨터에 문제 있니?   B: 계속 꺼져.

3 Models practice _____ with a book on their heads.
   모델들은 그들의 머리 위에 책을 올리고 걷는 것을 연습한다.

Let's Run! 다음 문장이 어법적으로 옳으면 T, 틀리면 F하고 틀린 부분을 고쳐 쓰시오.

4 A Do you mind stepping back a little?   ☐ T ☐ F
   B Of course not.

5 She gave up being a double agent and became a nun.   ☐ T ☐ F

6 He stopped to drink for his daughter and started looking for a job.   ☐ T ☐ F

Let's Jump! 다음 문장을 해석하시오.

7 Matt had to quit jogging after he hurt his knee.

8 Taru imagined lying on a tropical beach under a palm tree.

9 The teachers dislike looking at each other. I know why.

Let's Fly! 다음 문장을 영작하시오.

10 다음 주어진 문장과 같은 뜻이 되도록 재배열 하시오.
    너는 벌로 화장실 청소하는 것을 피할 수 없어.
    (can't, cleaning, as, restroom, penalty, the, you, avoid, a)

11 다음 주어진 문장과 같은 뜻이 되도록 주어진 단어 중 필요한 것만 골라 재배열 하시오.
    내 친구들은 내가 그 카페에 들어갔을 때 갑자기 이야기하는 것을 멈췄다.
    (when, my, suddenly, talking, entered, café, the, friends, to talk, stopped, I)

12 다음 조건에 맞게 우리말을 영작하시오.
    나 마침내 아이스크림 1리터 먹는 것을 끝냈어!

    ① 주어와 동사가 있는 완전한 과거시제의 문장으로 쓸 것   ② 9단어로 쓸 것   ③ 느낌표를 꼭 쓸 것

21

보어로 쓰인 동명사

주어를 보충 설명해주는 주격 _____ 로 사용된다.

미나의 취미는 오래된 장난감들을 수집하는 것이다.

사랑하는 것은 주고 받는 것이다.

Let's Walk! 빈칸에 알맞은 말을 쓰시오. (live, be, fix)

1 My father's job is _____ computer bugs.
나의 아빠의 직업은 컴퓨터 버그를 고치는 것이다.

2 Josh's wish is _____ for 100 years.
Josh의 소망은 100년 동안 사는 것이다.

3 One of his life goals is _____ a millionairess's husband.
그의 인생목표들 중 하나는 백만장자의 남편이 되는 것이다.

Let's Run! 다음 문장이 어법적으로 옳으면 T, 틀리면 F하고 틀린 부분을 고쳐 쓰시오.

4 My role is serving the handicapped.　　　　□ T □ F

5 My greatest fear was find a snake in my sleeping bag.　□ T □ F

6 His least favorite chore is vacuum on Sundays.　　□ T □ F

Let's Jump! 다음 문장을 해석하시오.

7 Erin's task is taking care of sick animals.

8 A So our new Miss World, what is your dream?
B My dream is creating world peace.

9 My job is scoring goals and giving assists.

Let's Fly! 다음 문장을 영작하시오.

10 다음 주어진 문장과 같은 뜻이 되도록 재배열 하시오.
나의 행복은 언제나 너에 대해 생각하는 것이야.
(24/7, is, happiness, my, thinking, you, about)

11 다음 주어진 문장과 같은 뜻이 되도록 주어진 단어 중 필요한 것만 골라 재배열 하시오.
Selena의 숙제는 풍경을 그리는 것이다.
(are, was, is, a, draw, Selena's, landscape, homework, drawing)

12 다음 우리말을 영작하시오.
당신의 실수는 그녀가 당신에게 얘기한 것을 믿은 것이었습니다.

① 과거형의 문장을 쓸 것　② 8단어로 쓸 것　③ 동명사를 사용할 것

22

전치사의 목적어로 쓰인 동명사

전치사의 _____ 로 _____ 가 사용된다.

Cindy는 요리를 정말 못한다.

난 너를 만나기를 학수고대하고 있어.

Let's Walk! 빈칸에 알맞은 말을 쓰시오. (play, complete, have)

1 She felt like _____ a cool glass of lemonade.
그녀는 시원한 레몬에이드 한 잔을 마시고 싶었다.

2 Sarah wasn't good at _____ the violin, but she never gave up.
Sarah는 바이올린 연주를 잘 하지 못했지만 그녀는 절대 포기하지 않았다.

3 The monsoon prevented us from _____ the construction.
장마는 우리가 그 공사를 완료하는 것을 방해했다.

Let's Run! 다음 문장이 어법적으로 옳으면 T, 틀리면 F하고 틀린 부분을 고쳐 쓰시오.

4 Excuse me for bother you. ☐ T ☐ F

5 I am ashamed of not try to be the best. ☐ T ☐ F

6 On seeing each other yesterday, we both started crying. ☐ T ☐ F

Let's Jump! 다음 문장을 해석하시오.

7 Indonesian people are excited about going on Eid al-Fitr holiday.

8 Yann is from Finland, so he's used to living in very cold places.

9 The principal told the joke without laughing during the morning assembly.

Let's Fly! 다음 문장을 영작하시오.

10 다음 주어진 문장과 같은 뜻이 되도록 재배열 하시오.
Callahan 씨는 그 기업을 성공적으로 만드는 것에 책임이 있었다.
(successful, to make, Ms. Callahan, the, responsible, for, firm, was, making)

11 다음 주어진 문장과 같은 뜻이 되도록 주어진 단어 중 필요한 것만 골라 재배열 하시오.
제 안내에 집중해 주신 것에 대해 여러분 모두에게 감사드립니다.
(paying, to, thank, all, announcement, to pay, attention, you, for, my)

12 다음 조건에 맞게 우리말을 영작하시오.
우리 엄마는 내 남동생을 보기를 학수고대하고 있다.

① 현재진행형을 사용할 것 ② 9단어로 쓸 것 ③ 학수고대하다: look forward to

23

현재분사

현재분사는 '~하고 있는'의 의미로, 명사의 앞이나 뒤에서 명사를 수식하는 _____ 역할을 한다. 단독으로 수식하면 명사 _____ 에, 뒤에 다른 어구들을 동반하면 _____ 에서 수식한다.

UNIT

자고 있는 고양이는 매우 귀엽다.

도시에 살고 있는 사람들은 시골의 즐거움을 모른다.

Let's Walk! 빈칸에 알맞은 말을 쓰시오. (sleep, wait, ride)

1 Timothy showed me a picture of a _____ panda.
Timothy는 나에게 잠자는 판다의 사진을 보여주었다.

2 The policeman _____ a Segway smiled at her.
세그웨이를 타고 있는 경찰관이 그녀에게 미소 지었다.

3 There are a lot of people _____ in line to enter the stadium.
경기장에 들어가려고 줄에서 기다리는 많은 사람들이 있다.

Let's Run! 다음 문장이 어법적으로 옳으면 T, 틀리면 F하고 틀린 부분을 고쳐 쓰시오.

4 It's weird watching people to watch me. □ T □ F

5 A Who's the girl swimming in the video? □ T □ F
B That's your wife from twenty years ago, Dad.

6 This movie is full of surprising stories. □ T □ F

Let's Jump! 다음 문장을 해석하시오.

7 Baby Mom, Look! The flying birds look so free.
Mom Yes, but they look so dirty.

8 We saw many girl students practicing songs in the park.

9 Learning a language seems to be a never-ending process.

Let's Fly! 다음 문장을 영작하시오.

10 다음 주어진 문장과 같은 뜻이 되도록 재배열 하시오.
우리 주위를 날고 있는 잠자리들을 봐.
(at, dragonflies, look, around, the, flying, us)

11 다음 주어진 문장과 같은 뜻이 되도록 주어진 단어 중 필요한 것만 골라 재배열 하시오.
짖는 개는 좀처럼 물지 않는다.
(seldom, dogs, barking, to bark, bite)

12 다음 조건에 맞게 우리말을 영작하시오.
타들어가는 잎사귀의 냄새는 그의 어린 시절의 기억을 떠올리게 했다.
① 반드시 현재분사를 사용할 것 ② 10단어로 쓸 것 ③ stir: 자극하다, 마음을 흔든다

24

UNIT

현재분사 vs. 동명사

현재분사와 동명사는 형태가 같지만 역할은 다르다. 현재분사는 명사를 수식하는 _____ 역할을 하며, 동명사는 뒤에 있는 _____ 의 용도를 나타낸다.

자고 있는 강아지는 매우 평화로워 보인다.

보라는 수영장이 있는 집을 사기를 원한다.

Let's Walk! 빈칸에 알맞은 말을 쓰시오. (swim, walk, use)

1 _____ is a great form of exercise.
걷는 것은 운동의 훌륭한 형태이다.

2 Nina dived into the _____ pool.
Nina는 수영장으로 뛰어들었다.

3 _____ chopsticks is never easy for babies.
젓가락을 사용하는 것은 아기들에게 절대 쉽지 않다.

Let's Run! 다음 문장이 어법적으로 옳으면 T, 틀리면 F하고 틀린 부분을 고쳐 쓰시오.

4 He waved to the swim child. ☐ T ☐ F

5 He is walking on pins and needles. ☐ T ☐ F

6 Those Western people are use chopsticks. ☐ T ☐ F

Let's Jump! 다음 문장을 해석하시오.

7 Living in New York is exciting but expensive.

8 Lisa is living in New York now because of her job.

9 I love dancing teddy bears. They are dancing gracefully.

Let's Fly! 다음 문장을 영작하시오.

10 다음 주어진 문장과 같은 뜻이 되도록 재배열 하시오.
그의 직업은 택시를 운전하는 것이다.
(driving, job, his, a, is, taxi)

11 다음 주어진 문장과 같은 뜻이 되도록 주어진 단어 중 필요한 것만 골라 재배열 하시오.
그는 고양 종합 운동장으로 택시를 운전하고 있었다.
(he, a, to, was, Goyang Sports Complex, taxi, is, driving)

12 다음 조건에 맞게 우리말을 영작하시오.
한 노인이 손에 지팡이를 가지고 걷고 있었다.

① 문장의 시제는 과거진행형으로 할 것 ② 12단어로 쓸 것

25

U N I T

과거분사

과거분사는 '~된'의 의미로, 명사의 앞이나 뒤에서 명사를 수식하는 _____ 역할을 한다. 단독으로 수식하면 _____ 에, 뒤에 다른 어구들을 동반하면 명사 _____ 에서 수식한다.

우리는 지진 바로 후에 파괴된 도시를 방문했다.

프랑스에서 만들어진 그 커피 잔은 비싸다.

Let's Walk! 빈칸에 알맞은 말을 쓰시오. (boil, irritate, break)

1 She always eats _____ eggs for breakfast.
   그녀는 항상 아침으로 삶은 달걀을 먹는다.

2 The doctor examined my _____ arm.
   의사선생님께서 나의 부러진 팔을 검진하셨다.

3 The _____ kid started tugging at his bow tie.
   그 짜증난 아이는 자신의 나비넥타이를 잡아당기기 시작했다.

Let's Run! 다음 문장이 어법적으로 옳으면 T, 틀리면 F하고 틀린 부분을 고쳐 쓰시오.

4 This meeting is for students interesting in driverless cars. □ T □ F

5 Doctor1 How's the boy taken to the emergency room doing? □ T □ F
   Doctor2 Well, he's getting better.

6 The song singing last night is still in my head. □ T □ F

Let's Jump! 다음 문장을 해석하시오.

7 The picture stolen from a museum was sold on Amazon last night.

8 We visited the temple in China built 500 years ago.

9 The experiment conducted by Han and June was very successful.

Let's Fly! 다음 문장을 영작하시오.

10 다음 주어진 문장과 같은 뜻이 되도록 재배열 하시오.
   그것은 그녀가 디자인한 단 하나의 컵이다.
   (her, cup, only, is, designed, by, that, the)

11 다음 주어진 문장과 같은 뜻이 되도록 주어진 단어 중 필요한 것만 골라 재배열 하시오.
   이 지역에서 치뤄진 전투는 매우 중요했다.
   (was, battle, at, place, to fight, the, significant, this, fought)

12 다음 조건에 맞게 우리말을 영작하시오.
   저는 이 탄 토스트를 먹고 싶지 않아요!

   ① 주어와 동사가 있는 문장으로 쓸 것 ② 8단어로 쓰고 burn 활용

26

분사형용사(감정형용사)

감정 관련 동사가 명사를 수식하거나 설명을 할 때, 그 명사가 감정을 일으키는 주체이면 _____를, 감정을 받는 대상이면 _____를 사용한다.

그 영화는 실망스러웠다.

Susan은 그녀의 일이 지루했기 때문에 따분했다.

Let's Walk! 빈칸에 알맞은 말을 쓰시오. (tire, shock)

1 Ted's continuous questions were a little _____.
Ted의 계속되는 질문은 약간 피곤하게 했다.

2 The accident at the conference was _____.
그 회의에서의 사고는 충격적이었다.

3 William was _____ when his friend admitted stealing some money.
William은 그의 친구가 돈을 훔친 것을 인정했을 때 충격을 받았다.

Let's Run! 다음 문장이 어법적으로 옳으면 T, 틀리면 F하고 틀린 부분을 고쳐 쓰시오.

4 I'm annoying by his rude behavior. □ T □ F

5 Are you felt frustrated in your present job? □ T □ F

6 Some people are never satisfied with anything. □ T □ F

Let's Jump! 다음 문장을 해석하시오.

7 A Have you ever heard her speech about her childhood?
B Yes. It's so touching.

8 This weather is depressing! Is it ever going to stop raining?

9 Parents are sometimes embarrassed when their children act badly in public.

Let's Fly! 다음 문장을 영작하시오.

10 다음 주어진 문장과 같은 뜻이 되도록 재배열 하시오.
나는 당신의 할머니께서 건강을 회복하신다는 것을 들어서 기쁩니다.
(your, pleasd, to, grandmother, better, feeling, I'm, hear, is)

11 다음 주어진 문장과 같은 뜻이 되도록 주어진 단어 중 필요한 것만 골라 재배열 하시오.
그 홍수가 다시 일어날 수도 있다고 생각하는 것은 무섭다.
(could, think, happening, frightening, it's, happen, the flood, to, again, thought)

12 다음 조건에 맞게 우리말을 영작하시오.
남미 음식 축제는 정말 대단했다.

① 과거형의 문장을 쓸 것　② 8단어로 쓸 것　③ amaze를 활용할 것

27

분사구문

분사구문은 분사를 이용하여 접속사가 있는 문장을 간단하게 구로 줄여 쓴 것을 말한다. 분사구문을 만드는 순서는 다음과 같다.

① _____ 생략 ② 주절의 주어와 같으면 _____ 생략 ③ 동사를 _____ 로 ④ 주절은 그대로 사용

_____

그녀의 사무실에 도착한 후, 우리는 그녀가 아픈 것을 발견했다.

_____

그녀의 여동생을 알고 있어서, 난 그녀를 돕고 싶었다.

Let's Walk! 빈칸에 알맞은 말을 쓰시오. (be, shout, exhaust)

1 _____ sick, I didn't go to hospital.
   나는 아팠지만 병원에 가지 않았다.

2 _____ angrily, the woman chased the thief.
   성나게 소리치면서 그 여자는 도둑을 추격했다.

3 _____ from the hike, Tim dropped to the ground.
   도보여행으로 기진맥진하여, Tim은 바닥에 쓰러졌다.

Let's Run! 다음 문장이 어법적으로 옳으면 T, 틀리면 F하고 틀린 부분을 고쳐 쓰시오.

4 Being invited to the farewell party, she did not come.　□ T □ F

5 Smiles brightly, the lady punched me hard.　□ T □ F

6 Turn left, you will find the Darakwon building on your right.　□ T □ F

Let's Jump! 다음 문장을 해석하시오.

7 Knowing that his mother was coming, Ryan turned the computer off.

8 Waiting in the hall, she overheard a conversation.

9 Surprised to find my lost dog again, I couldn't stop crying.

Let's Fly! 다음 문장을 영작하시오.

10 다음 주어진 문장과 같은 뜻이 되도록 재배열 하시오.
   Marco는 피아노를 연주하며 자신의 아기를 재웠다.
   (his baby, Marco, was putting, the piano, to sleep, playing)

11 다음 주어진 문장과 같은 뜻이 되도록 주어진 단어 중 필요한 것만 골라 재배열 하시오.
   최선을 다 했지만, Aidan은 자기 최고 기록을 깰 수 없었다.
   (his best, couldn't, his personal, break, Aidan, tried, best record, trying)

12 다음 조건에 맞게 우리말을 영작하시오.
   Dwight는 고객들에게 할인 쿠폰들을 이메일로 보내면서 사무실에 있다.

   ① 분사구문을 활용하여 완전한 문장으로 쓸 것 ② 10단어로 쓸 것

28

U N I T

관계대명사 who

관계대명사는 _____ 와 _____ 역할을 하며 관계대명사 절은 선행사를 수식한다. 선행사가 사람일 때 주격은 who를, _____ 일 때는 whose를, _____ 일 때는 who(m)을 사용한다.

_____

수의사는 동물들을 치료하는 의사이다.

_____

그는 내가 오늘 오후에 면접 볼 아르바이트생이다.

Let's Walk! 빈칸에 알맞은 말을 쓰시오. (who, whose, whom)

1 He met the woman _____ first name is Carmen.
그는 이름이 Carmen인 여자를 만났다.

2 The woman _____ my brother loves is from Nagasaki.
내 남동생이 좋아하는 여자는 나가사키 출신이다.

3 I have a neighbor _____ garden is full of sunflowers.
나는 정원이 해바라기로 가득 찬 이웃이 있다.

Let's Run! 다음 문장이 어법적으로 옳으면 T, 틀리면 F하고 틀린 부분을 고쳐 쓰시오.

4 He doesn't like a person whose is too silent. ☐ T ☐ F

5 I have a friend who is worries me. ☐ T ☐ F

6 Isn't that the man whose brother is a famous pianist? ☐ T ☐ F

Let's Jump! 다음 문장을 해석하시오.

7 They recognized the boy who(m) they met yesterday.

8 Is that boy whose head is shaved Sam?

9 Only people who are at least 130 centimeters tall can ride this roller coaster.

Let's Fly! 다음 문장을 영작하시오.

10 다음 주어진 문장과 같은 뜻이 되도록 재배열 하시오.
나는 킬트를 입고 있는 남자의 사진을 찍었다.
(took, who is, a picture, I, of the man, a kilt, wearing)

11 다음 주어진 문장과 같은 뜻이 되도록 주어진 단어 중 필요한 것만 골라 재배열 하시오.
10년간 못 봤던 친구가 여기 있다.
(I, haven't seen, is here, 10 years, whose, my friend, whom, for)

12 다음 조건에 맞게 우리말을 영작하시오.
컴퓨터에 대해 모든 것을 아는 우리 삼촌이 너를 분명히 도와줄 수 있을 거야.

① 주격 who를 활용할 것 ② will be able to ~ 활용할 것

29

UNIT

관계대명사 which

관계대명사 which는 선행사가 사물이나 _____ 인 경우에 사용한다. 주격과 목적격은 which, 소유격은 _____ (of which)를 사용한다.

_____

난 나를 무섭게 하는 그 개를 좋아하지 않는다.

_____

그는 작년에 산 그 차를 팔았다.

Let's Walk! 빈칸에 알맞은 말을 쓰시오. (who, which, whose)

1 Love is a feeling _____ nobody can describe.
   사랑은 어느 누구도 묘사할 수 없는 감정이다.

2 Henry's hobby is to collect caps _____ are colorful.
   Henry의 취미는 화려한 야구 모자를 모으는 것이다.

3 The copy machine _____ we bought needs to be exchanged.
   우리가 산 복사기는 교환되어야 한다.

Let's Run! 다음 문장이 어법적으로 옳으면 T, 틀리면 F하고 틀린 부분을 고쳐 쓰시오.

4 That's the song of whom the lyrics reminds me of my youth.   ☐ T ☐ F

5 Do you remember the house which has a blue roof?   ☐ T ☐ F

6 Have you seen the video clip which Scott uploaded on his blog?   ☐ T ☐ F

Let's Jump! 다음 문장을 해석하시오.

7 I like movies which have happy endings.

8 Look at the birds whose feathers are white.

9 The telephone is an invention which has revolutionized the world.

Let's Fly! 다음 문장을 영작하시오.

10 다음 주어진 문장과 같은 뜻이 되도록 재배열 하시오.
    David가 200년 된 나무를 베었어.
    (David, 200 years old, a tree, is, cut down, which)

11 다음 주어진 문장과 같은 뜻이 되도록 주어진 단어 중 필요한 것만 골라 재배열 하시오.
    그들은 출입문이 항상 열려있는 대저택에 살곤 했다.
    (used to, whose, always, gate, live in, a, they, mansion, was, open, which)

12 다음 조건에 맞게 우리말을 영작하시오.
    Joe는 매우 시끄러운 소리를 내던 벌레를 잡았다.

    ① 관계대명사 소유격 활용할 것   ② 동사 시제 주의할 것

30

관계대명사 that

관계대명사 that은 선행사가 사람, 사물, 동물인 경우에 모두 사용할 수 있다. 단, _____ 은 없다.

_____

난 공원에서 뛰고 있는 한 소녀와 그녀의 강아지를 보았다.

_____

오, Monica, 이건 네가 이제까지 한 것 중에서 최고의 아이디어다!

Let's Walk! 빈칸에 알맞은 말을 쓰시오. (that, who, which)

1 These are the same people _____ joined our club recently.
이 분들이 최근에 우리 동아리에 가입한 바로 그 분들이다.

2 We're moving to a new house for the baby _____ will be born next month.
우리는 다음 달에 태어날 아기를 위해 새로운 집으로 이사를 할 것이다.

3 Ladies and Gentlemen! The magician can guess everything _____ you are thinking.
신사 숙녀 여러분! 이 마술사는 당신이 생각하는 모든 것을 추측할 수 있습니다.

Let's Run! 다음 문장이 어법적으로 옳으면 T, 틀리면 F하고 틀린 부분을 고쳐 쓰시오.

4 Who was the girl that you were talking to?　　　☐ T ☐ F

5 The bat is the only mammal what can fly.　　　☐ T ☐ F

6 We bought a chainsaw who we cut all the trees down with.　☐ T ☐ F

Let's Jump! 다음 문장을 해석하시오.

7 The pillow is for people and pets that have insomnia.

8 This is the girl that traveled all around China.

9 The movie that starts at 6 is too early. Why don't we see the next one?

Let's Fly! 다음 문장을 영작하시오.

10 다음 주어진 문장과 같은 뜻이 되도록 재배열 하시오.
이것이 내가 그와 보낼 수 있는 가장 멋진 저녁이다.
(the most gorgeous, that, this, evening, is, spend with, could, I, him)

11 다음 주어진 문장과 같은 뜻이 되도록 주어진 단어 중 필요한 것만 골라 재배열 하시오.
네가 어제 갔던 그 카페의 이름이 뭐니?
(yesterday, you, what is, where, the café, this, the name of, went to, that)

12 다음 조건에 맞게 우리말을 영작하시오.
나는 단어시험을 통과한 첫 번째 학생이었다.

① that을 사용할 것　② 주어와 동사가 존재하는 평서문으로 쓸 것　③ 동사의 시제에 주의할 것　④ 10단어로 쓸 것

31

관계대명사 what

'~하는 것'이라는 뜻으로, 선행사를 포함하고 있으며 _____ 을 이끈다. the thing(s) which[that]으로 바꿔 쓸 수 있다. 명사절이기에 문장에서 주어, _____, _____ 로 사용된다.

_____

난 네가 이야기하고 있는 것을 모른다.

_____

이 고르곤졸라 피자는 우리 언니가 먹고 싶어하는 것이다.

Let's Walk! 빈칸에 알맞은 말을 쓰시오. (who, which, that, what)

1 _____ interested Jeff most was playing rugby. But he ended up being a juggler.
   Jeff가 가장 관심있어 하는 것은 럭비하는 것이었다. 하지는 그는 결국에는 저글러가 되었다.

2 _____ makes me stronger are haters' comments.
   나를 더 강하게 만드는 것은 악플이다.

3 You reap _____ you sow.
   네가 뿌린 대로 거둔다.

Let's Run! 다음 문장이 어법적으로 옳으면 T, 틀리면 F하고 틀린 부분을 고쳐 쓰시오.

4 Where goes around comes around.   ☐ T ☐ F

5 Paid leave is which makes me really happy.   ☐ T ☐ F

6 I know what you did last summer.   ☐ T ☐ F

Let's Jump! 다음 문장을 해석하시오.

7 Many students don't know what they want to be in the future.

8 We should know what the customers want and what they do not want.

9 Excuse me, is this what I ordered?

Let's Fly! 다음 문장을 영작하시오.

10 다음 주어진 문장과 같은 뜻이 되도록 재배열 하시오.
   그 고양이는 주인이 주는 것만 마신다.
   (his master, only, gives, drinks, the cat, what)

11 다음 주어진 문장과 같은 뜻이 되도록 주어진 단어 중 필요한 것만 골라 재배열 하시오.
   Grey 씨가 화이트보드에 쓰셨던 것은 읽기가 불가능하다.
   (Mr. Grey, on, is, to read, that, the whiteboard, what, wrote, impossible)

12 다음 조건에 맞게 우리말을 영작하시오.
   어제 네가 끝내지 못한 것을 오늘 끝내라.

   ① 명령문 사용할 것 ② 목적어로서의 명사절을 활용할 것 ③ 동사시제 유의할 것 ④ 7단어로 쓸 것

32

UNIT

재귀대명사

_____는 '~자신, ~자체'의 의미이다. 재귀 용법, 강조 용법, 관용적 용법이 있다.

_____

자전거를 우리 스스로 고치자.

_____

하늘은 스스로를 돕는 사람들을 돕는다.

Let's Walk! 빈칸에 알맞은 말을 쓰시오. (he, they, I)

1 Eric sometimes talks to _____.
Eric은 때때로 혼잣말을 하곤 한다.

2 On the first day of class, the students introduced _____.
첫 수업에서, 학생들은 자기소개를 했다.

3 The top student I've never had a private lesson. I just taught _____.
전교 1등: 난 단 한 번도 과외를 받은 적이 없어. 난 독학으로 공부했지.

Let's Run! 다음 문장이 어법적으로 옳으면 T, 틀리면 F하고 틀린 부분을 고쳐 쓰시오.

4 Ms. Fukuhara herself changed her flat tire.   □ T □ F

5 I enjoy having meals by itself.   □ T □ F

6 Jack always thinks about himself only.   □ T □ F

Let's Jump! 다음 문장을 해석하시오.

7 Calvin created the company for himself. He's amazing!

8 Jim saw himself in the mirror.

9 He wanted to impress her, so he climbed a tall tree himself.

Let's Fly! 다음 문장을 영작하시오.

10 다음 주어진 문장과 같은 뜻이 되도록 재배열 하시오.
그 소녀는 종종 혼자 영화를 보러 간다.
(often, myself, by, the girl, goes to, herself, the movies)

11 다음 주어진 문장과 같은 뜻이 되도록 주어진 단어 중 필요한 것만 골라 재배열 하시오.
이 커피 기계는 그 자체가 훌륭한 바리스타입니다.
(is, an excellent, the coffe, themselves, barista, machine, itself)

12 다음 조건에 맞게 우리말을 영작하시오.
여러분들은 감기로부터 자신을 지킬 필요가 있습니다.

① 재귀대명사를 사용할 것 ② 7단어로 쓸 것

33

UNIT

물질명사의 수량표현

물질명사는 셀 수 없으므로 그것을 담는 용기를 세거나 _____를 붙여서 수를 나타낸다.

하루에 물을 몇 잔 정도 마시니?

그녀는 슈퍼에서 우유 몇 팩을 샀다.

Let's Walk! 빈칸에 알맞은 말을 쓰시오. (piece, loaf)

1 It is a _____ of cake.
그것은 케이크 한 조각이다.(식은 죽 먹기다.)

2 She had six _____ of apple pie for dessert.
그녀는 후식으로 사과파이 여섯 조각을 먹었다.

3 Jean Valjean stole a _____ of bread and he was imprisoned for nineteen years.
장발장은 빵 한덩이를 훔치고 19년간 투옥되었다.

Let's Run! 다음 문장이 어법적으로 옳으면 T, 틀리면 F하고 틀린 부분을 고쳐 쓰시오.

4 Did you order a cup of americano or a glass of iced cappuccino?　　□ T □ F

5 Pass me a pound of pizza, please.　　□ T □ F

6 I ate two slices of milk and two bowls of cereal.　　□ T □ F

Let's Jump! 다음 문장을 해석하시오.

7 The boy wanted a bowl of mushroom soup for his younger sister.

8 He used to give me a piece of advice on my task.

9 I have received many bunches of flowers from many girls for ten years.

Let's Fly! 다음 문장을 영작하시오.

10 다음 주어진 문장과 같은 뜻이 되도록 재배열 하시오.
소나 송아지 고기의 한 조각을 스테이크라고 부른다.
(a steak, or, is called, a slice of, veal, beef)

11 다음 주어진 문장과 같은 뜻이 되도록 주어진 단어 중 필요한 것만 골라 재배열 하시오.
그는 문을 두드리고 그녀에게 빵 세 조각을 요청하기로 결심했다.
(decided to, bowls of, and, ask, bread, he, knock, three, loaves of, on the door, her, for)

12 다음 조건에 맞게 우리말을 영작하시오.
Alice는 비누 하나를 만들기 위해 시장에서 꿀 두 병을 샀다.

① 물질명사의 수량표현 잘 활용할 것　② to 부정사를 적절히 활용할 것

34

(a) few / (a) little

'약간 있는'이란 의미로 셀 수 있는 명사는 a few, 셀 수 없는 명사는 _____을 사용한다. '거의 없는'의 의미로는 각각 few와 _____을 사용한다.

조금의 지식은 위험한 것이다.(선무당이 사람 잡는다.)

그녀의 사생활을 아는 사람은 거의 없다.

Let's Walk! 빈칸에 알맞은 말을 쓰시오. (little, a little, few, a few)

1 Listen carefully. I'm going to give you _____ advice.
  잘 들어. 나는 너에게 약간의 충고를 할 거야.

2 Fredo may feel alone in the hospital. _____ people have visited him.
  Fredo는 병원에서 외로움을 느낄 거 같아. 그를 문병하러 온 사람이 거의 없었어.

3 Saying hello to neighbors takes _____ effort, but brings a lot happiness.
  이웃들과 인사하는 것은 거의 노력이 들지 않지만, 많은 행복을 가져다준다.

Let's Run! 다음 문장이 어법적으로 옳으면 T, 틀리면 F하고 틀린 부분을 고쳐 쓰시오.

4 There is a little water in the bottle.　　　　□ T □ F

5 She has to buy a little grapefruits to make grapefruit juice.　　□ T □ F

6 Ron has a few free time even on the weekend.　　　□ T □ F

Let's Jump! 다음 문장을 해석하시오.

7 We stayed a few days in Florence.

8 A How's the bus service at night?
  B There are few buses after 10 o'clock.

9 There is little hope of finding the missing people alive.

Let's Fly! 다음 문장을 영작하시오.

10 다음 주어진 문장과 같은 뜻이 되도록 재배열 하시오.
  나는 돈이 거의 없었기 때문에 작은 다이아몬드 반지만 샀다.
  (the small, bought, money, because, little, diamond ring, I, had, just, I)

11 다음 주어진 문장과 같은 뜻이 되도록 주어진 단어 중 필요한 것만 골라 재배열 하시오.
  어젯밤에 길거리에 사람이 거의 없었다.
  (a little, on, last night, there, few, the street, were, people)

12 다음 조건에 맞게 우리말을 영작하시오.
  난 참을성이 거의 없어.

  ① a few, few, a little, little 중 하나를 적절히 사용할 것 ② 주어와 동사가 존재하는 완전한 문장으로 쓸 것

35

부정대명사 1(one/the other)

막연한 하나를 가리킬 때 _____ 을 사용하며, 둘 중에서 남은 하나를 가리킬 때 _____ 를 사용한다.

지우개가 없네. 하나 빌려 줄래?

Olivia는 두 언니가 있는데 한 명은 키가 크고 다른 한 명은 키가 작다.

Let's Walk! 빈칸에 알맞은 말을 쓰시오. (the other, one, another, the other)

1   This item seems great, but can I see _____ one?
이 물건이 훌륭해 보이지만, 다른 것도 볼 수 있나요?

2   No one has ever seen _____ side of the moon.
어느 누구도 달의 반대편을 본 적이 없다.

3   A Do you have a hammer?   B Yes, I have _____.
A: 너 망치 있니?   B: 어, 하나 있어.

Let's Run! 다음 문장이 어법적으로 옳으면 T, 틀리면 F하고 틀린 부분을 고쳐 쓰시오.

4   This orange is rotten. I want another.   ☐ T ☐ F

5   I can't help you because I'm busy with other things.   ☐ T ☐ F

6   Would you please sing the other song? I'm sick of this one!   ☐ T ☐ F

Let's Jump! 다음 문장을 해석하시오.

7   He was holding a bucket of pop corn in one hand, and a movie ticket in the other.

8   Joan is with three friends in a café. One is Mina, another Hannah, and the other Emma.

9   Some of the presidents arrived on Thursday. Others arrived the following day.

Let's Fly! 다음 문장을 영작하시오.

10 다음 주어진 문장과 같은 뜻이 되도록 재배열 하시오.
그녀는 아들 둘이 있다. 한 명은 잘 생겼고, 다른 한 명은 더 잘생겼다.
(has, sons, she, two, handsome, the other, is, more, handsome, one, and, is)

11 다음 주어진 문장과 같은 뜻이 되도록 주어진 단어 중 필요한 것만 골라 재배열 하시오.
방문자 중 몇몇은 다락에서 찾았는데, 나머지는 어디에 있었지?
(found, my guests, I, where, the others, some of, in the attic, another, but, were)

12 다음 조건에 맞게 우리말을 영작하시오.
Noah는 항상 친절하지만, 다른 사람들을 돕는 데는 관심이 없다.

① have interst in -ing 구절 활용할 것   ② 12단어로 쓸 것   ③ one, another, other, some, others 중 골라 사용할 것

36

부정대명사2(each / every / all / both)

all은 '모두', both는 '_____', each는 '_____', every는 '_____'의 의미로 사용한다.

_____

음식 모두 다 나갔어요.(떨어졌어요.)

_____

난 그 소녀들에게 이야기했다. 그들은 둘 다 중국인이었다.

_____

학생들 각각이 자신의 개인용 컴퓨터가 있다.

_____

모든 선생님들은 그들의 학교를 사랑한다.

Let's Walk! 빈칸에 알맞은 말을 쓰시오. (both, all, every)

1 Ariane and John visit this nursing home _____ two weeks.
Ariane과 John은 2주마다 이 요양원을 방문합니다.

2 _____ of the soprano singers are wearing blue pants.
소프라노 파트의 두 가수들은 모두 파란색 바지를 입고 있다.

3 _____ of the furniture here is from Italy.
여기 모든 가구는 이탈리아에서 왔다.

Let's Run! 다음 문장이 어법적으로 옳으면 T, 틀리면 F하고 틀린 부분을 고쳐 쓰시오.

4 Both of the cities are approximately 2,500 feet above sea level. □ T □ F

5 All person has right to personal liberty and security. □ T □ F

6 The twins dislike each other, but the triplets like one another. □ T □ F

Let's Jump! 다음 문장을 해석하시오.

7 All the members of the group have blue eyes and blonde hair.

8 Each student has to give a twenty-minute presentation.

9 Every student should submit their reports by this Friday.

Let's Fly! 다음 문장을 영작하시오.

10 다음 주어진 문장과 같은 뜻이 되도록 재배열 하시오.
그의 딸 둘 다 내일 결혼할 것이다. (his, are going to, both of, tomorrow, get married, daughters)

11 다음 주어진 문장과 같은 뜻이 되도록 주어진 단어 중 필요한 것만 골라 재배열 하시오.
모든 소녀와 소녀들이 마라톤을 뛸 준비가 되어 있었다. (ready to, a marathom, were, every, run, was, boy and girl)

12 다음 조건에 맞게 우리말을 영작하시오.
그의 아들 각각은 이 마을의 소녀들 사이에서 유명했다.

　① 주어와 동사의 수 일치에 유의할 것　② 주어와 동사가 있는 완전한 문장으로 쓸 것

37

비교급을 이용한 최상급

「비교급 + than any other + _____」의 의미는 '다른 어떤 ~보다 더 ···한'으로 최상급의 의미이다.

「_____ ~ 비교급 than」의 의미는 '어떤 주어도 ···보다 더 ~하지 않다'로 최상급의 의미이다.

_____

침묵은 그 어떤 노래보다 더 음악적이다. – 크리스티나 로제티

_____

인생에서 어떠한 것도 사랑보다 더 중요하지 않다.

Let's Walk! 빈칸에 알맞은 말을 쓰시오. (couple, place, cookie)

1 We fight more frequently than _____.
  우리는 다른 어떤 커플보다 더 자주 싸운다.

2 _____ is hotter than Loot desert in Iran.
  어떤 장소도 이란에 있는 Loot사막보다 덥진 않다.

3 My mom's cookies were more delicious than _____.
  내 엄마의 쿠키는 다른 어떤 쿠키보다도 더 맛있었다.

Let's Run! 다음 문장이 어법적으로 옳으면 T, 틀리면 F하고 틀린 부분을 고쳐 쓰시오.

4 No other skyscraper is taller than the Burj Khalifa in Dubai. ☐ T ☐ F

5 On the playground, he is faster than no other friend. ☐ T ☐ F

6 Mr. Samson is stronger than any other man. ☐ T ☐ F

Let's Jump! 다음 문장을 해석하시오.

7 No other knight in this kingdom is braver than Rob.

8 Hawaii is sunnier than any other state.

9 This bag is more expensive than any other bag in this shop.

Let's Fly! 다음 문장을 영작하시오.

10 다음 주어진 문장과 같은 뜻이 되도록 재배열 하시오.
   어떤 애완동물도 내 것보다 귀엽지 않다.
   (per, other, mine, is, no, cuter, than)

11 다음 주어진 문장과 같은 뜻이 되도록 주어진 단어 중 필요한 것만 골라 재배열 하시오.
   어떤 영화도 'Logistics'보다 길지 않다.
   (*Logistics*, than, no, long, more, longer, other, is, movie)

12 다음 조건에 맞게 우리말을 영작하시오.
   어떤 포유류도 흰 수염고래보다 크지 않다.

   ① 비교급을 적절히 활용할 것 ② 부정주어 사용할 것 ③ 9단어로 쓸 것 ④ 포유류: mammal, 흰 수염고래: blue whale

38
UNIT

비교급 강조 부사

비교급을 강조하기 위해서 앞에 부사 _____, far, _____, _____, a lot이 오기도 한다.

_____

이 배낭이 저것보다 훨씬 더 좋다.

_____

Sofia가 Emma보다 훨씬 더 조심스럽게 운전한다.

Let's Walk! 빈칸에 알맞은 말을 쓰시오. (precious, sweet, happy)

1 Love is e_____ than money.
   사랑은 돈보다 훨씬 더 소중하다

2 A sunflower smells m_____ than a tulip.
   해바라기가 튤립보다 훨씬 더 향기롭다.

3 Susan looks a _____ tonight. What is making her smile?
   Susan은 오늘 밤 훨씬 행복해 보인다. 무엇이 그녀를 웃게 만드는 걸까?

Let's Run! 다음 문장이 어법적으로 옳으면 T, 틀리면 F하고 틀린 부분을 고쳐 쓰시오.

4 Your son's essay is even more unique than others.　　□ T □ F

5 Why is everyone else very luckier than me?　　□ T □ F

6 Carla can understand Italian even best than Marco.　　□ T □ F

Let's Jump! 다음 문장을 해석하시오.

7 The weather was still colder than I expected.

8 His mom is far older than his dad.

9 Jen came to school even earlier than her teacher this morning.

Let's Fly! 다음 문장을 영작하시오.

10 다음 주어진 문장과 같은 뜻이 되도록 재배열 하시오.
    시누이가 시어머니보다 훨씬 더 고약해.
    (far, a sister-in-law, than, a mother-in-law, nastier, is)

11 다음 주어진 문장과 같은 뜻이 되도록 주어진 단어 중 필요한 것만 골라 재배열 하시오.
    이 차는 저 차보다 훨씬 더 비싸다.
    (one, much, very, this car, more, than, expensive, that, is)

12 다음 조건에 맞게 우리말을 영작하시오.
    Chen의 여동생은 작년에 그보다 훨씬 더 많은 돈을 벌었다.

    ① 비교급 강조 부사 much를 사용할 것   ② 주어와 동사가 있는 완전한 문장으로 쓸 것   ③ 10단어를 쓸 것

39

최상급

최상급 앞에는 the를 사용한다. 부사의 최상급은 _____를 붙이지 않는 경우도 있다.
최상급 표현으로 「the + 최상급 + of/in + 명사」, 그리고 「one of + the + 최상급 + _____」의 형태가 있다.

_____

Eric은 우리 학교에서 가장 재미있는 학생이다.

_____

세상에서 가장 인기있는 스포츠 중 하나가 축구이다.

Let's Walk! 빈칸에 알맞은 말을 쓰시오. (generous, long, bad)

1 Ms. Kim is _____ teacher I have ever met.
김 선생님은 내가 만났던 선생님 중 가장 인자한 선생님이시다.

2 The Nile River is _____ river in the world.
나일 강은 세상에서 가장 긴 강이다.

3 He had _____ experience of his whole life yesterday.
그는 어제 그의 생애에서 최악의 경험을 했다.

Let's Run! 다음 문장이 어법적으로 옳으면 T, 틀리면 F하고 틀린 부분을 고쳐 쓰시오.

4 Who is the most lazy person of the five? ☐ T ☐ F

5 One of the best hockey players in history is Tim Horton. ☐ T ☐ F

6 *Hamlet* is one of the more famous plays that Shakespeare wrote. ☐ T ☐ F

Let's Jump! 다음 문장을 해석하시오.

7 New York is considered the most diverse city in the U.S.

8 One of the most legendary car designers is making a comeback.

9 Mr. Song is the most well-known Korean actor in China.

Let's Fly! 다음 문장을 영작하시오.

10 다음 주어진 문장과 같은 뜻이 되도록 재배열 하시오.
봄은 1년 중에 가장 기분 좋은 계절이다.
(seaon, most, spring, the year, is, pleasant, of, the)

11 다음 주어진 문장과 같은 뜻이 되도록 주어진 단어 중 필요한 것만 골라 재배열 하시오.
Shakira는 라틴 아메리카에서 가장 유명한 가수 중 한명이다.
(singers, in, Shakira, most, more, one of, the, Latin America, famous, is)

12 다음 조건에 맞게 우리말을 영작하시오.
너는 내가 본 사람 중 가장 총명한 소년이다.

① 주어와 동사가 있는 완전한 문장으로 쓸 것 ② 최상급을 사용 할 것

40

UNIT

사역동사

사역동사(_____, _____, _____)를 사용할 때에는 「사역동사 + 목적어 + _____」의 형태를 따른다.

_____

Peter는 나를 그 가게 밖에서 기다리게 했다.

_____

난 그가 나에게 저녁식사로 피자를 만들도록 시켰다.

Let's Walk! 빈칸에 알맞은 말을 쓰시오. (do, wash, rip, take)

1 Dr. Smith had his nurse _____ the patient's temperature.
Smith 박사는 그의 간호사가 그 환자의 온도를 재게 했다.

2 She had her children cook dinner, _____ the dishes, and _____ the laundry.
그녀는 그녀의 아이들이 저녁을 요리하고, 설거지를 하고 빨래를 하게 했다.

3 A The English teacher made us _____ out the entire page.
  B Why in the world did he make you do that?
A: 그 영어선생님은 우리가 그 페이지 전체를 찢어버리게 했어. B: 도대체 왜 그렇게 하도록 시키셨을까?

Let's Run! 다음 문장이 어법적으로 옳으면 T, 틀리면 F하고 틀린 부분을 고쳐 쓰시오.

4 *Bulgogi* always makes my mouth watered. ☐ T ☐ F

5 Susan's mom had her stop by and picked up the laundry. ☐ T ☐ F

6 I'm going to have my hair cut tomorrow. ☐ T ☐ F

Let's Jump! 다음 문장을 해석하시오.

7 A Let me tell you a really funny story.
  B I'm all ears.

8 Dad I don't let my kids study more than an hour.

9 Your photo makes me want to visit Santa Barbara. How beautiful!

Let's Fly! 다음 문장을 영작하시오.

10 다음 주어진 문장과 같은 뜻이 되도록 재배열 하시오.
나는 누구에게도 어떤 것을 가르칠 수 없다, 난 그들이 생각하게 할 수 있을 뿐이다.
(cannot, anybody, only, them, I, anything, can, teach, think, make, I)

11 다음 주어진 문장과 같은 뜻이 되도록 주어진 단어 중 필요한 것만 골라 재배열 하시오.
무엇이 너를 그렇게 생각하게 하니?(왜 그렇게 생각하니?)
(makes, what, so, thinking, you, think)

12 다음 조건에 맞게 우리말을 영작하시오.
Alice가 말한 것은 그녀의 친구들을 울게 만들었다.

① 주어와 동사가 있는 완전한 문장으로 쓸 것 ② 7단어로 쓸 것 ③ 사역동사 make를 활용할 것

41

지각동사

지각동사(see, watch, look at, hear, listen to, feel...)를 사용할 때에는, 「지각동사 + 목적어 + _____ (또는 _____)」의 형태를 따른다.

넌 바로 지금 건물이 지금 흔들리는 것을 느꼈니?

Kate와 난 어제 보름달이 떠오르는 것을 보았다.

Let's Walk! 빈칸에 알맞은 말을 쓰시오. (do, beat, pick)

1 Look at your grandmother _____ taekwondo. Isn't she lovely?
너의 할머니가 태권도 하시는 것을 봐라. 사랑스럽지 않니?

2 You know what? Yesterday I watched an elegant woman _____ her nose on the subway.
너 그거 알아? 어제 한 우아한 여자가 지하철에서 코를 후비는 것을 봤어.

3 The coach had to watch his team _____ in the finals.
그 코치는 그의 팀이 결승전에서 패배당하는 것을 봐야만 했다.

Let's Run! 다음 문장이 어법적으로 옳으면 T, 틀리면 F하고 틀린 부분을 고쳐 쓰시오.

4 I saw you throwing a stone at my duck. It made me make a face.   ☐ T ☐ F

5 The parents watched their son flying a kite in the sky.   ☐ T ☐ F

6 Dorothy suddenly heard the rain poured down.   ☐ T ☐ F

Let's Jump! 다음 문장을 해석하시오.

7 Sam watched the bird building a nest.

8 The safari driver didn't see the lion lying in the road.

9 Josh felt the spider crawling over his leg.

Let's Fly! 다음 문장을 영작하시오.

10 다음 주어진 문장과 같은 뜻이 되도록 재배열 하시오.
나는 바람이 내 몸을 부드럽게 만지는 것을 느꼈다.
(felt, softly, my body, I, touch, the wind)

11 다음 주어진 문장과 같은 뜻이 되도록 주어진 단어 중 필요한 것만 골라 재배열 하시오.
Tanya는 눈물이 그녀의 눈에서 떨어지는 것을 느끼지 않는 것처럼 보인다.
(doesn't, her, tears, from, dropped, Tanya, seem to, eyes, drop, feel)

12 다음 조건에 맞게 우리말을 영작하시오.
나는 Heather가 소나기를 맞으며 혼자 탱고를 추는 것을 보았어.

① 지각동사 사용할 것   ② 10단어로 쓸 것

42

UNIT

help + 목적어 + (to)동사원형

help동사는 「help + 목적어 + _____ (또는 _____)」으로 표현된다.

내가 공책 찾는 것을 도와주겠니?

소라는 여동생들이 좋은 매너를 배우도록 도움을 준다.

Let's Walk! 빈칸에 알맞은 말을 쓰시오. (orgnize, come, unpack)

1 Going for walks every day helps me to _____ my thoughts.
매일 산책을 가는 것은 내가 생각을 정리할 수 있도록 돕는다.

2 A What was John doing when I called him?
  B He was helping the new players _____ their bags.
A: 내가 John에게 전화했을 때, 그는 뭐하고 있었어?   B: 그는 새로 온 선수들이 가방을 푸는 것을 돕고 있었어.

3 Please, help me _____ back to earth.
제가 정신 차리게 도와주세요.

Let's Run! 다음 문장이 어법적으로 옳으면 T, 틀리면 F하고 틀린 부분을 고쳐 쓰시오.

4 A high school student helped an old lady crossing the street. ☐ T ☐ F

5 The little boy helped his younger brother to take off his coat. ☐ T ☐ F

6 Julia wanted to help her mom do yoga in the living room. ☐ T ☐ F

Let's Jump! 다음 문장을 해석하시오.

7 Oh, Lord, please help me to escape from this miserable situation.

8 Scott is helping me to tidy my books up.

9 Would you help me to bring my pet to the hospital?

Let's Fly! 다음 문장을 영작하시오.

10 다음 주어진 문장과 같은 뜻이 되도록 재배열 하시오.
태양으로부터 나오는 빛은 아이들이 건강하게 자라도록 돕는다.
(the children, from, healthy, the light, helps, grow, the sun)

11 다음 주어진 문장과 같은 뜻이 되도록 주어진 단어 중 필요한 것만 골라 재배열 하시오.
이 시간을 절약해 주는 기술들은 우리가 좀 더 효율적으로 일하도록 도울 거야.
(will help, working, efficiently, these, more, us, time-saving techniques, work)

12 다음 조건에 맞게 우리말을 영작하시오.
나는 Bill이 새로운 스마트와치 찾는 것을 도우려고 애쓰고 있어요.

① help를 사용할 것   ② 주어와 동사가 완전한 문장으로 할 것

43

UNIT

keep / make / find + 목적어 + 형용사

keep, make, find의 동사들은 목적어 다음에 형용사가 _____로 많이 쓰인다.

우리는 비밀번호들을 비밀로 유지해야 한다.

Paul은 그 수학 문제가 매우 어렵다는 것을 알았다.

Let's Walk! 빈칸에 알맞은 말을 쓰시오. (fit, warm, hot)

1 This thermos can keep the water _____ all day.
이 보온병은 물을 온종일 뜨거운 상태로 유지할 수 있다.

2 Sora keeps her body _____ by exercising regularly.
Sora는 규칙적으로 운동함으로써 그녀의 몸을 건강하게 유지한다.

3 The blanket will keep you _____.
그 이불은 당신을 따뜻하게 유지시켜 줄 거예요.

Let's Run! 다음 문장이 어법적으로 옳으면 T, 틀리면 F하고 틀린 부분을 고쳐 쓰시오.

4 Her endless nagging makes us dizzy.   ☐ T ☐ F

5 The judge's ruling made Bobby's family happily. ☐ T ☐ F

6 The girl found her house too dirty for the party. ☐ T ☐ F

Let's Jump! 다음 문장을 해석하시오.

7 Don't keep the baby alone too long in this room.

8 Mr. Armstrong found his new coach so witty.

9 A You look so tired. What's wrong with you?
   B The sound of a swinging gate kept me awake all night.

Let's Fly! 다음 문장을 영작하시오.

10 다음 주어진 문장과 같은 뜻이 되도록 재배열 하시오.
그 샴푸는 그의 머리를 반짝이게 했지만 그는 머리카락이 거의 없었다.
(the shampoo, but, little, shiny, had, hair, made, his, he, hair)

11 다음 주어진 문장과 같은 뜻이 되도록 주어진 단어 중 필요한 것만 골라 재배열 하시오.
나는 막 경비원이 잠이 든 것을 발견했어
(found, I, slept, sleep, just, the guard, asleep)

12 다음 조건에 맞게 우리말을 영작하시오.
이 에어컨은 방안의 공기를 전혀 시원하게 해주지 않는다.

① 주어와 동사가 있는 완전한 문장으로 쓸 것 ② 10단어로 쓸 것 ③ make를 사용할 것

44

It(가주어) ~ to부정사(진주어)

to부정사가 문장의 주어로 쓰일 때 가주어 _____ 을 주어자리에 놓고 진주어인 _____ 는 문장의 뒤로 간다.

_____

레게 음악을 연주하는 것은 매우 어렵다.

_____

그 강에서 수영하는 것은 위험하다.

Let's Walk! 빈칸에 알맞은 말을 쓰시오. (listen, take, start)

1 Was it your job _____ care of the abandoned dogs?
유기견을 돌보는 것이 너의 일이었니?

2 It was not easy _____ to his boring lecture.
그의 지루한 강연을 듣는 것은 쉽지 않았다.

3 It was very exciting _____ this business.
이 사업을 시작하는 것을 굉장히 신났었지.

Let's Run! 다음 문장이 어법적으로 옳으면 T, 틀리면 F하고 틀린 부분을 고쳐 쓰시오.

4 It was dangerous to go on a trip to Brazil alone. ☐ T ☐ F

5 It was a good experience for her being an extra in the movie. ☐ T ☐ F

6 It is interesting to watch a chicken fly. Have you ever seen it? ☐ T ☐ F

Let's Jump! 다음 문장을 해석하시오.

7 Jacob spoke so quickly. It was impossible to understand him.

8 Shaman It's possible to guess what will happen, but you have to pay me to tell you.

9 It is difficult to explain some natural laws.

Let's Fly! 다음 문장을 영작하시오.

10 다음 주어진 문장과 같은 뜻이 되도록 재배열 하시오.
불 가지고 노는 것은 위험해.
(it, with, to play, fire, is, dangerous)

11 다음 주어진 문장과 같은 뜻이 되도록 주어진 단어 중 필요한 것만 골라 재배열 하시오.
부패를 척결하는 것은 쉽지 않다.
(not, abolish, it, easy, is, to, corruption, they)

12 다음 조건에 맞게 우리말을 영작하시오.
인도에서 코끼리에게 먹이를 주는 것은 가혹한 형벌이었다.

① It ~ to부정사 구문 사용할 것 ② 11단어로 쓸 것

45

U N I T

It(가주어) ~ that(진주어)

_____ that이 이끄는 문장이 주어로 쓰일 때 가주어 it을 주어자리에 놓고 _____ 은 문장의 뒤로 간다.

_____

내가 약속을 잊어버리는 것은 불가능하다.

_____

Peter가 그렇게 많이 고생하는 것은 부당했다.

Let's Walk! 빈칸에 알맞은 말을 쓰시오. (kill, be, get)

1 _____ is important _____ you (should) _____ careful at all times.
당신이 항상 조심해야 하는 것은 중요하다.

2 _____ is surprising _____ the shepherd _____ the most expensive watch in the world.
그 양치기가 세상에서 가장 비싼 시계를 가지고 있다는 것은 놀랍다.

3 _____ is not clear _____ the citizen _____ the police officer yesterday morning.
어제 아침에 시민이 경찰을 죽였다는 것은 확실하지 않다.

Let's Run! 다음 문장이 어법적으로 옳으면 T, 틀리면 F하고 틀린 부분을 고쳐 쓰시오.

4 It is so sad that Naomi is going to leave the country soon.　　□ T □ F

5 It is scary which icebergs are melting so fast.　　□ T □ F

6 It is clear that my client is innocent, Your Honor.　　□ T □ F

Let's Jump! 다음 문장을 해석하시오.

7 It is our destiny that we meet again in this store.

8 It is disappointing that you didn't finish your duty on time yesterday.

9 It's unbelievable that you majored in forensic medicine.

Let's Fly! 다음 문장을 영작하시오.

10 다음 주어진 문장과 같은 뜻이 되도록 재배열 하시오.
Kathy가 그녀의 위암을 극복했다는 것은 기적이다.
(a miracle, overcame, it's, her, that, stomach cancer, Kathy)

11 다음 주어진 문장과 같은 뜻이 되도록 주어진 단어 중 필요한 것만 골라 재배열 하시오.
모든 것은 이유가 있기 때문에 일어난다는 것이 사실인가요?.
(true, for, everything, they, a reason, if, that, is, happens, it)

12 다음 조건에 맞게 우리말을 영작하시오.
우리 팀이 결승전으로 진출하게 된 것은 아주 신나는 일이었다.

① It ~ that 구문 사용할 것　② made it 사용할 것

46

U N I T

It seems that ～

접속사 that의 내용이 '～인 것 _____'라는 표현이다.

_____

그녀는 이야기할 누군가가 필요한 것 같다.

_____

그 노부인은 그 루머를 아는 것 같다.

Let's Walk! 빈칸에 알맞은 말을 쓰시오. (was, knows, are)

1 _____ Sally _____ not comfortable in the wedding dress.
   Sally는 웨딩드레스가 편하지 않은 것 같았다.

2 _____ the clouds _____ moving our way. It is going to rain!
   구름들이 우리 길로 움직이는 것처럼 보여. 비가 올 것 같아!

3 _____ no one _____ the truth.
   아무도 진실을 모르는 것 같아.

Let's Run! 다음 문장이 어법적으로 옳으면 T, 틀리면 F하고 틀린 부분을 고쳐 쓰시오.

4 We doesn't seem that we can change the customer's mind now.   ☐ T ☐ F

5 Patient Doctor, my head hurts.   ☐ T ☐ F
   Doctor It seemed that you have a cold. You'd better go home and rest.

6 It seemed that our reading club was not interested in reading.   ☐ T ☐ F

Let's Jump! 다음 문장을 해석하시오.

7 It doesn't seem that we are a match made in heaven.

8 It seems that this dinosaur didn't eat grass.

9 Girl What a nice place!
   Boy But it seems that you have been here before.

Let's Fly! 다음 문장을 영작하시오.

10 다음 주어진 문장과 같은 뜻이 되도록 재배열 하시오.
   그녀가 결정을 한 것처럼 보이지 않았습니다.
   (seem, her, mind, it, made up, that, didn't, she)

11 다음 주어진 문장과 같은 뜻이 되도록 주어진 단어 중 필요한 것만 골라 재배열 하시오.
   그가 똑같이 느끼는 것처럼 보여.
   (feels, it, seemed, the same way, seems, that, he)

12 다음 조건에 맞게 우리말을 영작하시오.
   너희는 어둠을 무서워하는 것 같아.

   ① 주어와 동사가 있는 완전한 문장으로 쓸 것   ② It seems that ～ 구문 사용할 것

47

명령문, and / 명령문, or

'명령문, and ~'는 '···해라, _____ ~'의 뜻이다.
'명령문, or ~'는 '···해라, _____ ~'의 뜻이다.

_____

약속을 지켜라, 그러면 모든 사람들이 너를 좋아할 것이다.

_____

서둘러라, 그렇지 않으면 우리는 너 없이 떠날 것이다.

Let's Walk! 빈칸에 알맞은 말을 쓰시오. (leave, eat, wash)

1 _____ from this village, _____ you will be forgiven!
   이 마을을 떠나라. 그러면 너는 용서받을 것이다.

2 _____ at night, _____ you will become like me.
   밤에 먹지 마, 그렇지 않으면 너는 나처럼 될거야.

3 _____ your hands regularly, _____ you will stay healthy.
   손을 규칙적으로 씻어, 그러면 너는 건강을 유지할거야.

Let's Run! 다음 문장이 어법적으로 옳으면 T, 틀리면 F하고 틀린 부분을 고쳐 쓰시오.

4 Never look back, and you'll turn to stone.   ☐ T ☐ F

5   Come out right now, or you won't get a chance to dance on the stage.   ☐ T ☐ F

6 Do not use your cell phone in class, and you will regret it.   ☐ T ☐ F

Let's Jump! 다음 문장을 해석하시오.

7 Tell your mom "I love you" every morning, and she will be happy all day.

8 Laugh, and the world will laugh with you. Weep, and you will weep alone.

9 Try to be on time, and the boss will trust you.

Let's Fly! 다음 문장을 영작하시오.

10 다음 주어진 문장과 같은 뜻이 되도록 재배열 하시오.
   야망을 가져, 그러면 너의 꿈은 곧 실현될거야.
   (your, be, true, ambitious, dreams, and, will, come, soon)

11 다음 주어진 문장과 같은 뜻이 되도록 주어진 단어 중 필요한 것만 골라 재배열 하시오.
   친구들에게 잘 대해주렴, 그렇지 않으면 너는 외로워질 거야.
   (nice, your, be, friends, or, be, will, and, lonely, to, you)

12 다음 조건에 맞게 우리말을 영작하시오.
   보호소 안에 머무세요, 그러면 여러분은 안전할 겁니다.

   ① 명령문을 사용할 것 ② 9단어로 쓸 것 ③ 접속사를 사용할 것

48

that / if / whether

that이 이끄는 문장은 '~라는 것'이라고 해석이 되며 _____, _____, _____ 로 사용된다. 목적격일 때 종종 _____ 이 된다. if는 _____ 을 이끌어 '~인지 아닌지'로 쓰인다. 단, 주어로는 사용되지 않는다. 또한 부사절을 이끌어 '만약 ~라면'의 의미로 사용된다. whether는 _____ 을 이끌어 '~인지 아닌지'로 사용된다.

_____

그녀가 산 정상에 혼자 있었다는 것은 사실이 아니었다.

_____

난 Cindy가 Simon의 청혼을 받아들일지 궁금하다.

_____

난 그들이 제시간에 도착할지 아닐지 예상할 수가 없다.

Let's Walk! 빈칸에 알맞은 말을 쓰시오. (win, be, like)

1 She will make a donation _____ she _____ the lottery.
만약 그녀가 복권에 당첨된다면 그녀는 기부할 것이다.

2 I'm not sure _____ that rule _____ just for dogs or all pets.
저 규칙이 오직 강아지만 해당되는 것인지 아니면 모든 동물에 대한 것인지 나는 잘 모르겠어요.

3 How do you know _____ someone _____ you?
누군가 당신을 좋아하는지 어떻게 알 수 있죠?

Let's Run! 다음 문장이 어법적으로 옳으면 T, 틀리면 F하고 틀린 부분을 고쳐 쓰시오.

4 Most people think that Ralph stole the money.　　　　　　☐ T ☐ F

5 If you scratch my back, I'll scratch yours.　　　　　　☐ T ☐ F

6 OMG! I dropped my phone in the toilet. I don't know that it will work.　☐ T ☐ F

Let's Jump! 다음 문장을 해석하시오.

7 Can you tell me whether you can come home by seven or not?

8 Whether she likes Matthew or Ken doesn't matter to me.

9 Cinderella complained that her shoe was too small.

Let's Fly! 다음 문장을 영작하시오.

10 다음 주어진 문장과 같은 뜻이 되도록 재배열 하시오.
네가 사과한다면 그들은 너를 용서해 줄 것이다. (forgive, you, they, apologize, will, if, you)

11 다음 주어진 문장과 같은 뜻이 되도록 주어진 단어 중 필요한 것만 골라 재배열 하시오.
난장이는 그가 불그스레한 사과를 훔쳤다고 인정했다. (the reddish, the dwarf, whether, apple, he, that, stole, admitted)

12 다음 조건에 맞게 우리말을 영작하시오.
그가 학교에 돌아올 예정인지 그에게 제발 물어봐 주세요.

　① 주어와 동사가 있는 완전한 문장으로 쓸 것　② 10단어로 쓸 것　③ 접속사 if를 사용할 것

49

when / while

when은 '~할 때'라는 의미로 _____ 을 이끈다. while은 '~하는 동안, ~하는 반면에'라는 의미로 부사절을 이끈다.

_____

전화벨이 울렸을 때 Kate는 그녀의 침실에 있었다.

_____

여기서 일하는 동안 잠시라도 긴장을 늦추지 마라.

Let's Walk! 빈칸에 알맞은 말을 쓰시오. (when, while)

1 He was holding his newborn _____ he was discussing names with his wife.
그가 아내와 이름들에 대해 논의하고 있는 동안, 그는 아기를 안고 있었다.

2 I listened to music _____ I was waiting for the bus.
나는 버스를 기다리는 동안 음악을 들었다.

3 What do you usually do _____ you have free time?
당신은 자유시간이 있을 때 보통 무엇을 하십니까?

Let's Run! 다음 문장이 어법적으로 옳으면 T, 틀리면 F하고 틀린 부분을 고쳐 쓰시오.

4 Somebody took a picture of me that I was talking to Michael.　　□ T □ F

5 Some feel naked when they lose their phones.　　□ T □ F

6 You should clean the house while we are eating dinner at the restaurant.　□ T □ F

Let's Jump! 다음 문장을 해석하시오.

7 When I was a kid, my family lived on Cook Island.

8 While he takes a shower every day, he rarely brushes his teeth.

9 When I watch movies, I don't eat popcorn.

Let's Fly! 다음 문장을 영작하시오.

10 다음 주어진 문장과 같은 뜻이 되도록 재배열 하시오.
내가 빨래를 하고 있는 동안에 Luke가 밖에 나갔니?
(the laundry, did, go out, I, Luke, was doing, while)

11 다음 주어진 문장과 같은 뜻이 되도록 주어진 단어 중 필요한 것만 골라 재배열 하시오.
리더가 부재중일 때, Sally는 그 프로젝트를 담당합니다.
(the project, absent, Sally, in charge of, when, is, the leader, that, is)

12 다음 우리말을 영작하시오.
다른 사람들이 걸어 나갈 때 친구는 걸어 들어온다.

① 접속사를 사용할 것　② 9단어로 쓸 것

50

U N I T

as

_____의 의미로 '~할 때, ~하면서', _____의 의미로 '~이므로', 양태의 의미로 '~처럼, ~대로'로 사용된다.

_____

Mary는 물에 대한 공포가 있기 때문에, 수영을 하지 않는다.

_____

공휴일이었기 때문에, 그 가게는 문이 닫혀 있었다.

Let's Walk! 빈칸에 알맞은 말을 쓰시오. (that, whether, as)

1 _____ Jeffrey wasn't ready, we went without him.
Jeffrey는 준비가 안 되었기 때문에 우리는 그 없이 갔다.

2 Do _____ the Romans do when in Rome.
로마에 있을 때는 로마인들이 하는 대로 해라.

3 Josh ran into his teacher _____ he spit on the road.
Josh는 길거리에 침을 뱉고 있을 때 그의 선생님과 마주쳤다.

Let's Run! 다음 문장이 어법적으로 옳으면 T, 틀리면 F하고 틀린 부분을 고쳐 쓰시오.

4 Nathan kept shaking his leg as he was talking on the phone. □ T □ F

5 As we walked down the street, a beggar asked if we could give him a dollar. □ T □ F

6 The child was very happy with the gift when it was exactly what he wanted. □ T □ F

Let's Jump! 다음 문장을 해석하시오.

7 As Bill didn't pay the bill, his electricity was cut off.

8 Benjamin is exhausted as he has driven non-stop for twelve hours.

9 All you have to do is to do everything as you're told. No questions!

Let's Fly! 다음 문장을 영작하시오.

10 다음 주어진 문장과 같은 뜻이 되도록 재배열 하시오.
기차가 역으로 다가올 때 기적 소리를 냈다.
(whistle, the station, as, the train, blew, it, approached)

11 다음 주어진 문장과 같은 뜻이 되도록 주어진 단어 중 필요한 것만 골라 재배열 하시오.
Nicholas는 복도를 뛰어 내려가다가 넘어졌다.
(ran down, Nicholas, as, the hall, tripped, that, he)

12 다음 우리말을 영작하시오.
늙은 남자는 벤치에 앉아 있으면서 핫도그를 먹었다.

① 접속사 as 사용할 것 ② 14단어로 쓸 것

51

since

_____의 접속사로 since는 '~때문에'로 사용된다. _____의 접속사로 '~이래로'라는 뜻도 있다.

_____

내일까지 마감인 숙제가 없기 때문에, 오늘 밤 TV를 볼 수 있다.

_____

그녀가 미국으로 떠난 이래로 만 7년이다.

Let's Walk! 빈칸에 알맞은 말을 쓰시오. (repair, break, see)

1 We have to stay in another place _____ our home _____.
우리 집이 수리되고 있기 때문에 우리는 다른 곳에 머물러야 한다.

2 _____ their camping van _____ down, they decided to travel overseas.
그들의 캠핑카가 고장났기 때문에 그들은 해외여행을 가기로 결정했다.

3 It has been a long time _____ I last _____ you, buddy!
네가 너를 마지막으로 본 이후로 오랜만이다, 친구야!

Let's Run! 다음 문장이 어법적으로 옳으면 T, 틀리면 F하고 틀린 부분을 고쳐 쓰시오.

4 Jin couldn't go out that she had LASIK eye surgery.　　　☐ T ☐ F

5 He ran away from home since his mom changed the Wi-Fi password.　　☐ T ☐ F

6 Courtney wants to be a kindergarten teacher if she loves kids.　　☐ T ☐ F

Let's Jump! 다음 문장을 해석하시오.

7 Jisu will be kicked out since she broke the dorm rules many times.

8 Twenty-four months have passed since my daughter was born.

9 We'll come over on Sunday since he has to work on Saturday.

Let's Fly! 다음 문장을 영작하시오.

10 다음 주어진 문장과 같은 뜻이 되도록 재배열 하시오.
세나는 누군가 그녀를 뒤따르고 있다고 생각했기 때문에 더 빨리 걷기 시작했다.
(started, faster, Sena, to walk, following, she, thought, was, her, somebody, since)

11 다음 주어진 문장과 같은 뜻이 되도록 주어진 단어 중 필요한 것만 골라 재배열 하시오.
우리가 여기 도착한 이후로 아무것도 먹지 않았다.
(anything, we, here, haven't eaten, got, since, get, we)

12 다음 조건에 맞게 우리말을 영작하시오.
Cathy는 베를린으로 간 후 자신의 페이스북에 글을 쓰지 않았다.

① 주어와 동사가 있는 완전한 문장으로 쓸 것　② 접속사 since를 사용할 것

52

UNIT

not only ~ but also / as well as

not only A but (also) B는 '_____ 아니라 _____'라는 뜻이며, _____ as well as _____와 같은 의미이다.

_____

Sarah는 중국어 뿐 만 아니라 일본어도 말할 수 있다.

_____

너 뿐만 아니라 네 친구들도 비슷한 문제가 있다.

Let's Walk! 빈칸에 알맞은 말을 쓰시오. (look/give/grill)

1 The company _____ her a car _____ a house.
그 회사는 그녀에게 집도 주고 차도 주었다.

2 _____ white _____ black _____ good on you.
흰색뿐 아니라 검정색도 너에게 잘 어울린다.

3 Mike _____ meat _____ for Jessica _____ for her dog, Roy.
Mike는 Jessica뿐 아니라 그녀의 강아지 Roy를 위해서 고기를 구웠다.

Let's Run! 다음 문장이 어법적으로 옳으면 T, 틀리면 F하고 틀린 부분을 고쳐 쓰시오.

4 The meal is not only delicious but also nutritious.   ☐ T ☐ F

5 My husband is good at not only cooking but also clean.   ☐ T ☐ F

6 He as good as I is looking forward to going to the zoo.   ☐ T ☐ F

Let's Jump! 다음 문장을 해석하시오.

7 Amy is not only my twin sister but also my best friend.

8 Not only does Chloe like tennis, but she also enjoys golf.

9 Trust me. This book is not only useful for your English, but also fun to read.

Let's Fly! 다음 문장을 영작하시오.

10 다음 주어진 문장과 같은 뜻이 되도록 재배열 하시오.
실수는 필요할 뿐만 아니라 중요하기도 하다.
(only, necessary, also, important, not, mistakes, are, but)

11 다음 주어진 문장과 같은 뜻이 되도록 주어진 단어 중 필요한 것만 골라 재배열 하시오.
그늘 뿐만 아니라 과일들도 나무들에 의해서 우리에게 주어진다.
(are, given, to, by, trees, fruits, is, shade, as well as, us, not only)

12 다음 조건에 맞게 우리말을 영작하시오.
내가 너의 얼굴을 볼 때, 나는 늘 매일 사랑뿐만 아니라 증오도 느낀다.

① 두 개의 문장이 접속사 when으로 연결되어 있음   ② as well as구문을 사용할 것

MEMO

52

not only ~ but also / as well as

not only A but (also) B는 '_____ 아니라 _____'라는 뜻이며, _____ as well as _____ 와 같은 의미이다.

_____

Sarah는 중국어 뿐 만 아니라 일본어도 말할 수 있다.

_____

너 뿐만 아니라 네 친구들도 비슷한 문제가 있다.

Let's Walk! 빈칸에 알맞은 말을 쓰시오. (look/give/grill)

1 The company _____ her a car _____ a house.
그 회사는 그녀에게 집도 주고 차도 주었다.

2 _____ white _____ black _____ good on you.
흰색뿐 아니라 검정색도 너에게 잘 어울린다.

3 Mike _____ meat _____ for Jessica _____ for her dog, Roy.
Mike는 Jessica뿐 아니라 그녀의 강아지 Roy를 위해서 고기를 구웠다.

Let's Run! 다음 문장이 어법적으로 옳으면 T, 틀리면 F하고 틀린 부분을 고쳐 쓰시오.

4 The meal is not only delicious but also nutritious.   □ T □ F

5 My husband is good at not only cooking but also clean.   □ T □ F

6 He as good as I is looking forward to going to the zoo.   □ T □ F

Let's Jump! 다음 문장을 해석하시오.

7 Amy is not only my twin sister but also my best friend.

8 Not only does Chloe like tennis, but she also enjoys golf.

9 Trust me. This book is not only useful for your English, but also fun to read.

Let's Fly! 다음 문장을 영작하시오.

10 다음 주어진 문장과 같은 뜻이 되도록 재배열 하시오.
실수는 필요할 뿐만 아니라 중요하기도 하다.
(only, necessary, also, important, not, mistakes, are, but)

11 다음 주어진 문장과 같은 뜻이 되도록 주어진 단어 중 필요한 것만 골라 재배열 하시오.
그늘 뿐만 아니라 과일들도 나무들에 의해서 우리에게 주어진다.
(are, given, to, by, trees, fruits, is, shade, as well as, us, not only)

12 다음 조건에 맞게 우리말을 영작하시오.
내가 너의 얼굴을 볼 때, 나는 늘 매일 사랑뿐만 아니라 증오도 느낀다.

① 두 개의 문장이 접속사 when으로 연결되어 있음 ② as well as구문을 사용할 것

내신공략 중학영문법 시리즈

신유형과 고난도 서술형 문제로
중학영어 내신 완벽 대비

❶ 개념이해책, 문제풀이책

❷ 개념이해책, 문제풀이책

❸ 개념이해책, 문제풀이책

- 최신 내신 출제 경향을 반영한
  고난도 서술형·신유형 문제 다수 수록
- 개념이해책과 문제풀이책의 연계 학습으로
  최대의 학습 효과
- 성취도 평가와 수준별 맞춤형 학습 제안
- 홈페이지에서 교사용 자료 제공

www.darakwon.co.kr

내공 중학영단어 시리즈

중학교 12종 교과서를 완벽하게 분석한
내신 전용 어휘 학습서

내공 중학영단어 ❶   내공 중학영단어 ❷   내공 중학영단어 ❸

- 내신 기본 단어에서 내신 심화 단어까지 수준별 단계별 학습 제시
- 내신 시험에 자주 출제되는 5가지 대표 어휘 유형 훈련
- 단어 – 뜻 – 교과서 관련 어구가 한눈에 보이는 깔끔한 3단 구성
- 홈페이지에서 내신 기초 쌓기 추가 문장과 MP3 파일 무료 다운로드
- 문제출제프로그램 제공 (http://voca.darakwon.co.kr)

문법 품은 **구문으로** ~
재미폭발 **이야기로** ~

신공략

내공 중학 영어 구문 2

김한나 | 김현우 | 송승룡 | 김형규 | 이건희

다락원 내공
중학영어구문~

정답 및 해설

DARAKWON

내공 중학 영어 구문 2

중학

영어

구문 2

정답 및 해설

Chapter 01 / 동사

1 Life is a beautiful struggle.
삶은 아름다운 투쟁이다.

2 The remote controller was not on the table.
리모컨이 테이블 위에 없었다.

3 A: Are you English? B: Yes, we are!
A: 당신들은 영국인입니까? B: 네, 그렇습니다!

4 Elizabeth is my mother-in-law.
Elizabeth는 내 시어머니이시다.

5 He was a good son to his parents for his entire life.
그는 평생 그의 부모님에게 좋은 아들이었다.

6 You were always a good teacher to your students.
당신은 학생들에게 늘 좋은 선생님이었습니다.

7 The authors of the God of Inner Power are geniuses!
내공의 신 이야기의 작가들은 천재야!

8 Robert was a lawyer two years ago, but he's not now.
Robert는 2년 전에 변호사였지만 지금은 아니다.

9 Was David Beckham a popular player at Real Madrid?
David Beckham이 레알 마드리드에서 인기 있는 선수였나요?

10 Adolescence is a period of rapid change.
청소년기는 급속한 변화의 시기이다.

11 Once upon a time, there was an ugly but kind princess.
옛날에, 못생겼지만 착한 공주가 한 명 있었어요.

12 "This whole thing is not a dream. Am I right, Jake?" Andrew panted out.
"이 모든 것이 꿈은 아닐 거야. 그렇지 Jake?" Andrew가 숨을 헐떡거리며 말했다.

13 A: Is Big Ben in Paris? B: No. It is in London.
A: 빅벤이 파리에 있니? B: 아니. 그것은 런던에 있어.

14 Mr. Dilandro was not her favorite professor back then.
Dilandro 씨는 그 당시 그녀가 가장 좋아하는 교수님이 아니었다.

15 A: Are you feeling nervous about meeting new people?
B: No, I am not.
A: 너는 새로운 사람들을 만나는 것이 긴장되니?
B: 아니, 그렇지 않아.

1 He usually plays the guitar during his break time.
그는 보통 쉬는 시간 동안 기타를 연주한다.

2 I didn't want to be an adult like my sister.
나는 내 언니 같은 어른이 되고 싶지 않았다.

3 She ate *samgyupsal* alone at the restaurant last weekend.
그녀는 지난 주말에 식당에서 혼자 삼겹살을 먹었다.

4 Do writers usually make a lot of money?
작가들은 보통 돈을 많이 버니?

5 We don't play soccer on Saturday evenings.
우리는 매주 토요일 저녁에 축구를 하지 않는다.

6 The Amazon River provides a lot of oxygen.
아마존 강은 많은 산소를 공급한다.

7 As there's no wind, kites don't fly well.
바람이 없기 때문에 연들이 잘 날지 않는다.

8 "You just saved a lot of lives!" Jake answered.
"넌 방금 많은 목숨을 구했다고!" Jake가 답했다.

9 The ancient Egyptians mummified their dead.
고대 이집트인들은 그들의 사체를 미라로 만들었다.

10 School announcement: Easter holidays start on 12th April.
교내 방송: 부활절 휴일이 4월 12일에 시작합니다.

11 Does Charles want to run for class president?
Charles는 학급회장에 출마하기를 원하니?

12 A: What happened to you? You don't look good.
B: Yesterday, I lost my balance and fell down the stairs.
A: 무슨 일 있었어? 안 좋아 보여.
B: 어제, 나 균형을 잃고 계단에서 떨어졌어.

13 Do people in the Republic of South Africa also have democracy?
남아프리카공화국의 사람들도 민주주의를 가지고 있나요?

14 James Dean didn't star in many movies, but left a strong impression on us.
James Dean은 많은 영화에 주연을 맡지는 않았지만, 우리에게 강한 인상을 남겼다.

15 In the beginning of the movie, terrorists kidnapped the president's daughter.
영화 초반에, 테러범들이 대통령의 딸을 납치했다.

Chapter 02 / 시제

UNIT 03 현재진행형

1 Okay, okay, you win. I'm admitting defeat.
알았어, 알았어, 네가 이겼어. 패배를 인정할게.

2 A: Honey, where is Peter?
B: He is brushing his teeth in the bathroom.
A: 여보, Peter 어디 있어요?
B: 그는 화장실에서 이 닦고 있어요.

3 Am I doing something wrong to you now?
내가 너에게 지금 뭔가 잘못된 짓을 하고 있는 거니?

4 Dan is dancing in the dancing room.
Dan은 무용실에서 춤을 추고 있다.

5 James is preparing a sandwich for his pregnant wife.
James는 임신한 그의 아내를 위해 샌드위치를 준비하고 있다.

6 The boy is coloring pictures of animals in the zoo.
그 소년은 동물원의 동물 그림들을 색칠하고 있다.

7 You are watching the most boring movie of the year.
여러분은 올해의 가장 지루한 영화를 시청하고 계십니다.

8 (on the phone) I'm having dinner right now. Could I call you back later?
(전화상에서) 저 지금 저녁 먹고 있어요, 나중에 전화 드려도 될까요?

9 A: How's it going?
B: I was sick for a few days, but now I'm feeling better.
A: 좀 어때요?
B: 며칠 동안 아팠는데 지금은 나아지고 있어요.

10 It's midnight. But Frode is playing the drum, so I can't sleep well.
자정이다. 그러나 Frode가 드럼을 치고 있어서 난 잘 수가 없다.

11 The company's financial situation is not getting better.
그 회사의 재정상황은 나아지지 않고 있다.

12 The God of Inner Power said, "You are starting your grand journey to save mankind, Andrew!"
내공의 신이 말했다. "너는 인류를 구하는 웅장한 여정을 시작하고 있는 거란다, Andrew!"

13 Are you cheating now? Get out!
너 지금 부정행위를 하고 있어? 나가!

14 Eli isn't showing his full potential in this competition.
Eli는 이 대회에서 그의 완전한 잠재력을 보여주지 않고 있다.

15 My friend is constantly asking me for money. It's really annoying.
내 친구는 끊임없이 나에게 돈을 요구한다. 그것은 정말 짜증난다.

UNIT 04 과거진행형

1 The monkeys were watching me.
원숭이들이 나를 바라보고 있었다.

2 We weren't getting enough allowance.
우리는 충분한 용돈을 받고 있지 않았다.

3 I asked, "Were you crying?" But she didn't answer.
나는 "너 울고 있었니?"라고 물었다. 하지만 그녀는 대답하지 않았다.

4 An hour ago, we were making a house for the ducklings.
한 시간 전에 우리는 새끼 오리들을 위해 집을 만들고 있었다.

5 She was smiling at me when I arrived.
내가 도착했을 때 그녀는 나를 보며 미소 짓고 있었다.

6 We were taking a cold shower after being in the sauna.
우리는 사우나를 한 후 찬물로 샤워하고 있었다.

7 When you visited the Venice Beach, was it raining?
당신이 베니스 비치를 방문했을 때, 비가 오는 중이었나요?

8 Jerry was looking for his five-year-old dog every day last month.
Jerry는 저번 달에 매일 그의 5살인 개를 찾으러 다녔다.

9 When I phoned my friends, they were playing a board game.
내가 친구들에게 전화했을 때, 그들은 보드게임을 하고 있었다.

10 While Jacob was in the bathroom, his cats were eating his steaks.
Jacob이 화장실에 있는 동안, 그의 고양이들이 그의 스테이크를 먹고 있었다.

11 "I was wondering how well you would respond to the emergency, but now I believe you will be a good hero."
"네가 이 비상상황에 어떻게 반응할까 궁금했었지만, 이제 나는 너가 좋은 영웅이 될 것이라고 믿는다."

12 A: Did you hear that?
B: Hear what? That Mark was digging in the cemetery to find a gold bar at midnight?
A: 너 그거 들었니?
B: 뭐? Mark가 자정에 황금바를 찾기 위해 공동묘지를 파고 있었다는 거?

13 She was looking for someone to eat chicken with.
그녀는 치킨을 같이 먹을 누군가를 찾고 있었다.

14 Oh, we weren't talking about you. We were just chatting.

우리는 네 얘기하고 있던 게 아니야. 우리는 그냥 잡담 중이었어.

15 It was a peaceful day in December. Snow was falling and children were singing carols.

12월의 어느 평화로운 날이었다. 눈이 오고 있었고 아이들은 캐럴을 부르고 있었다.

UNIT 05 미래시제

1 Mom, I will never talk back to you. I promise.

엄마, 절대 말대꾸하지 않을게요. 약속해요.

2 Will he go to the exhibition with me this Sunday?

그가 이번 일요일에 나와 전시회를 보러 갈까?

3 The year 2222 is going to be a very interesting year.

2222년은 아주 재미난 해가 될 것이다.

4 Everyone will laugh at Paul's ridiculous shoes.

모든 사람이 Paul의 우스꽝스러운 신발을 보고 비웃을 것이다.

5 Grace will throw a coin to decide her lunch.

Grace는 그녀의 점심 메뉴를 결정하기 위해 동전을 던질 것이다.

6 Samuel won't give up his hope of finding employment.

Samuel은 자신의 취업에 대한 희망을 포기하지 않을 것이다.

7 A: Can you lend me the comic book?
B: Sorry, I can't. I am going to read it soon.
A: 나에게 그 만화책을 빌려줄 수 있니?
B: 미안, 안 되겠어. 곧 읽을 거거든.

8 Warming up before exercise will reduce your injuries.

운동 전 준비운동은 당신의 부상을 줄일 것이다.

9 I am going to move to Melbourne when I retire.

은퇴하면, 나는 멜버른으로 이사할 것이다.

10 That car is driving too fast! Oh, no, it is going to crash!

저 차 너무 빨리 달려! 오, 안 돼, 부딪힐 거 같아!

11 Will the piano be enough for Mike's 18th birthday present?

그 피아노가 Mike의 18번째 생일 선물로 충분할까?

12 "Just keep doing so, and you will become a great hero for everybody."

그냥 그렇게 계속하려무나, 그러면 너는 모든 사람들을 위한 훌륭한 영웅이 될 것이다."

13 I won't tell anyone your secret.

아무에게도 너의 비밀을 말하지 않을 거야.

14 She is not going to spend her vacation in Dominica.

그녀는 도미니카에서 그녀의 휴가를 보내지 않을 것이다.

15 Will they really enjoy the space fair?

그들이 정말로 우주 박람회를 즐길까요?

UNIT 06 현재완료: 경험

1 Have we met before?

우리가 전에 만난 적이 있나요?

2 I haven't seen you in ages.

나는 너를 오랫동안 보지 못했다.(정말 오랜만이다.)

3 He has never used an expensive camera.

그는 비싼 카메라를 사용해 본 적이 없다.

4 How many times have I told you, huh?

얼마나 여러 번 내가 너에게 이야기했니, 어?

5 I have been to Tokyo once to have lunch.

나는 점심을 먹기 위해 도쿄에 한 번 가본 적이 있다.

6 The Korean-American has visited North Korea twice.

그 한국계 미국인은 북한에 두 번 방문한 적이 있다.

7 Have I told you lately that I love you?

내가 최근에 당신을 사랑한다고 말한 적이 있나요?

8 Mr. Doubt has called his girlfriend thirty times today.

Doubt 씨는 오늘 그의 여자친구에게 서른 번 전화했다.

9 Andrew has never been so excited before.

Andrew는 이전에 그렇게 신났던 적이 없었다.

10 The cat has scratched the dog seriously before.

그 고양이는 전에 심각하게 그 개를 할퀸 적이 있다.

11 I have tried to wake Alice up many times, but I couldn't.

나는 Alice를 깨우기 위해 여러 번 시도했지만, 깨울 수 없었다.

12 A: I'm worried about this interview. I have never passed it...
B: Don't worry! You will do better this time!
A: 나는 이번 면접이 걱정돼. 단 한 번도 통과한 적이 없어…
B: 걱정하지 마! 이번엔 더 잘할 거야!

13 I've never eaten monkey brains before.

나는 전에 원숭이 뇌를 먹어본 적이 없다.

14 How many times have you found rare items in this game?

이 게임에서 몇 번이나 레어템을 발견해 보셨나요?

15 A: Have you ever been to foreign countries?
B: No, I haven't.
A: 외국에 가보신 경험 있으세요?   B: 아니오.

1 Sam has worked for NYPD for six years.
Sam은 뉴욕시 경찰청에서 6년간 일해 왔다.

2 I haven't studied math since I was a 1st grader.
나는 1학년 이후로 수학을 공부하지 않았다.

3 The two countries have fought over the city since the 19th century.
그 두 나라는 19세기부터 그 도시를 놓고 싸워오고 있다.

4 A: How long have you known Mr. Bennigan?
B: Since last week.
A: 당신은 Bennigan 씨를 얼마나 오래 알았나요?
B: 지난주부터입니다.

5 Have the tribes helped each other for a long time?
그 부족들은 오랫동안 서로 도와왔나요?

6 She has played the clarinet steadily for ten years.
그녀는 10년 동안 꾸준히 클라리넷을 연주하고 있다.

7 Dianne has had a cold since last week.
Dianne은 지난주부터 감기에 걸려있었다.

8 We have been best friends since we were twelve.
우리는 우리가 12살 때부터 가장 친한 친구로 지내왔다.

9 Cho Kwon has prepared to become a singer for eight years.
조권은 가수가 되기 위해 8년 동안 준비해왔다.

10 You have not paid the rent for two months. You need to move out now!
당신은 두 달 동안 임대료를 내지 않았어요. 낭상 나가세요!

11 Strangely, the black car has been over there since last month.
이상하게, 그 검은 차는 지난달부터 저기에 있었다.

12 He said, "Now, I can visit my grandma with this new power. I haven't been able to see her for a long time because she lives far away."
그는 말했다. "이제 이 새로운 힘으로 할머니를 방문할 수 있겠어요. 할머니께서 멀리 사셔서 오랫동안 뵐 수 없었거든요."

13 I have stayed in this city since last summer.
나는 지난 여름부터 이 도시에 머물러 왔다.

14 A: How long have you used your phone?
B: Almost five years.
A: 너는 얼마나 오랫동안 네 전화기를 사용해왔니?
B: 거의 5년 동안.

15 My mother has scolded me for 30 minutes because I didn't help her to clean the bathroom.
엄마는 내가 그녀가 화장실 청소하는 것을 돕지 않아서 나를 30분 째 혼내고 있다.

1 Jim hasn't called her yet.
Jim은 아직도 그녀에게 전화를 걸지 않았다.

2 I have already watched this movie.
나는 이 영화를 이미 보았다.

3 Congrats! You have just passed your driving test.
축하해! 너는 방금 운전 시험을 통과했어.

4 A: Haven't you heard yet?
B: Heard what?
A: That...
A: 아직 못 들었어? B: 뭘 들어? A: 저것…

5 We are too early. The shop hasn't opened yet.
우리가 너무 일러. 가게는 아직 열지 않았어.

6 A: Do you want to have chicken with us?
B: I've just eaten lunch, but I will join you.
A: 우리랑 치킨 먹을래? B: 막 점심을 먹었지만, 같이 먹을게.

7 The patient has already heard about his illness.
그 환자는 이미 그의 병에 대해 들었다.

8 The vendors have already left for Hwagyae Market.
그 행상인들은 이미 화개장터를 향해 떠났다.

9 A: When will you visit Tasmania?
B: I haven't decided yet.
A: 태즈메이니아를 언제 방문하실 예정인가요?
B: 아직 결정하지 못했습니다.

10 A: Is Ms. Sullivan still with you there?
B: No, she has just gone home.
A: Sullivan 씨가 아직 당신과 함께 계시나요?
B: 아니오, 그녀는 막 집으로 갔습니다.

11 (yawning) Mom, I've already woken up. Please stop knocking on the door.
(하품하며) 엄마, 나 이미 일어났어요. 문 좀 그만 두드리세요.

12 The God said, "I have just warned you about this, Andrew. Use your powers for other people, not for yourself."
그 신이 말했다. "내가 이 점에 대해서 방금 막 너에게 경고해 주었지 않느냐, Andrew. 너의 힘을 다른 사람들을 위해서 쓰거라, 너 자신을 위해서 말고."

13 The kids have just bowed for their parents for New Year's.
아이들은 그들의 부모님에게 막 세배를 했다.

14 We have just missed the plane! What should we do now?
우리 막 비행기를 놓쳤어! 이제 무엇을 해야 할까?

15 A: Haven't you booked the tickets yet?
B: Yes, I have just done it.
A: 아직 티켓 예약 안했니? B: 응, 방금 막 했어.

1 Chucky has lost his overalls.
Chucky는 그의 멜빵바지를 잃어버렸다.

2 Norris has spent all his lottery winnings.
Norris는 모든 복권 당첨금을 써버렸다.

3 Henry has borrowed some books from Ann.
Henry는 Ann으로부터 책들을 좀 빌렸다.

4 Be careful! I have spilt oil on the floor.
조심해! 내가 바닥에 기름을 엎질렀어.

5 They have gone to the cinema. Now I'm by myself.
그들은 영화관에 가버렸어. 이제 난 혼자야.

6 The painter has left Paris for a challenge.
그 화가는 도전하기 위해 파리를 떠났다.

7 The Navy has purchased a new yellow submarine
해군은 새로운 노란색 잠수함을 구매했다.

8 She has broken her leg on her way home.
그녀는 집으로 가는 길에 다리가 부러졌다.

9 He has finally found his wedding ring on the beach.
그는 드디어 해변에서 그의 결혼반지를 찾았다.

10 Because of your help, I have found my credit card. Thank you, officer!
당신의 도움 덕분에, 나는 내 신용카드를 찾았어요. 고맙습니다, 경찰관님!

11 Oh no! I have left my purse at home. I have to go back home.
이런! 나 집에 지갑을 놓고 왔어. 집에 다시 돌아가야 해.

12 "There was a villain. He destroyed my planet in another galaxy. So, my people have lost everything."
"어떤 악의 영웅이 있었단다. 그는 다른 은하계에 있는 나의 행성을 파괴시켰지. 그래서 내 백성들은 모든 것을 잃었단다."

13 The car dealer has sold fifty cars this month.
그 자동차 판매원이 이 달에 차를 50대 팔았다.

14 He has just gone to England with his family.
그는 가족과 함께 막 영국으로 가버렸다.

15 My father has thrown away my cellphone because I got a zero on my math test.
내가 수학 시험에서 0점을 맞아서 아버지는 내 전화기를 버리셨다.

Chapter 03 / 조동사

1 Our school used to be a cemetery.
우리 학교는 공동묘지였었다.

2 In summer, they would walk along the beach.
여름에 그들은 해변을 따라 걷곤 했다.

3 They didn't use(d) to go climbing in winter.
그들은 겨울에는 등산하러 가지 않았다.

4 My sister used to dance to become a ballerina.
내 여동생은 발레리나가 되기 위해 춤을 추곤 했었다.

5 My grandmother would enjoy ice fishing alone.
우리 할머니는 홀로 얼음낚시를 즐기곤 하셨다.

6 There used not to be anyone on this beach last winter.
지난겨울에는 이 해변에 아무도 없었다.

7 I used to have short hair when I was a teenager.
나는 십대였을 때, 짧은 머리를 했었어.

8 Simon used not to think about his future before he met his wife.
Simon은 그의 부인을 만나기 전에는 그의 미래에 대해 생각하지 않았었다.

9 I used to think that I could not go on. And life was nothing but an awful song.
나는 (삶을) 계속할 수 없을 것이라고 생각했었죠. 그리고 삶은 단지 끔찍한 노래였었죠.

10 I never used to eat peas. I thought they tasted terrible, but now I like them.
나는 절대 완두콩을 먹지 않았었다. 나는 그것들이 맛이 없다고 생각했지만, 지금은 그것들을 좋아한다.

11 We used to swim in this river. Unfortunately, now it's forbidden.
우리는 이 강에서 수영을 하곤 했다. 불행히도, 지금 그것은 금지되었다.

12 "He became evil because he would use his power for himself. Small or big... It doesn't matter. Don't use your power for yourself!"
"그는 자신을 위해 그의 힘을 쓰곤 했기 때문에 사악하게 되었단다. 작건 크건… 그건 중요하지 않다. 네 힘을 스스로를 위해 사용하지 마라!"

13 Mom, did the actress use(d) to look young and slim?
엄마, 그 여배우는 젊고 날씬해 보이곤 했었나요?

14 I would always lose when I played chess with my father.
나는 아버지와 체스를 할 때 항상 졌다.

15 Sue didn't use(d) to like Peter, but now they're married.

Sue는 Peter를 예전엔 좋아하지 않았지만 지금 그들은 결혼했다.

UNIT **11** ought to

1 You ought to be quiet in public places.

여러분은 공공장소에서 조용히 해야 합니다.

2 The work ought to be complete by noon.

그 일은 정오까지는 완료되어야 합니다.

3 The leader ought to be ashamed of herself.

그 지도자는 부끄러운 줄 알아야 한다.

4 You ought to ask for your teacher's permission.

너는 선생님의 허락을 요청해야 해.

5 You ought not to take in too much caffeine.

지나치게 많은 카페인을 섭취하면 안 됩니다.

6 You ought to turn off your cell phone in the theater.

너는 극장에서 휴대폰을 꺼야한다.

7 We ought to drink enough water when we exercise.

운동할 때 충분한 물을 마셔야 합니다.

8 We ought not to carry so much cash while traveling.

우리는 여행하는 동안 그렇게 많은 현금을 지니고 다니면 안 된다.

9 We ought to change our policy. Don't you think so?

우리는 우리의 정책을 바꿔야 합니다. 그렇게 생각하지 않나요?

10 The restroom floor is slippery, so you ought to clean it.

화장실 바닥이 미끄러우니 청소하셔야 해요.

11 Jake said, "Andrew, you ought to use your power only for other people."

Jake가 말했다. "Andrew, 너는 다른 사람들만을 위해서 너의 힘을 써야 돼."

12 A: I'm on a diet, so I ought not to eat any sweets at night.

B: So you are eating that chocolate now!

A: 나 다이어트 중이어서 밤에는 어떠한 단 음식도 먹으면 안 돼.
B: 그래서 너 지금 초콜릿 먹는 거구나!

13 Doctors: We ought to be ready for any emergency.

의사들: 우리는 어떤 응급 상황이라도 준비해야 한다.

14 A: I have the hiccups.

B: You ought to control your breathing.

A: 나 딸꾹질을 해. B: 너는 너의 호흡을 조절해야 해.

15 You ought not to exercise too much. It may cause injury.

너는 너무 과하게 운동하지 않아야 해. 부상을 일으킬 수 있어.

UNIT **12** had better

1 I had better not meet you.

나는 너를 만나지 않는 편이 낫겠다.

2 You had better not drive fast because it's snowing.

눈이 내리기 때문에 빨리 운전하지 않는 게 좋을 겁니다.

3 You two had better not talk to each other for the moment.

너희 둘은 당분간 서로에게 말을 걸지 않는 것이 좋겠다.

4 You'd better watch out♪ You'd better not cry♫ You'd better not pout♪ I'm telling you why.

조심하는 게 낫다. 울지 않는 게 낫다. 뿌루퉁하지 않는 게 낫다. 내가 이유를 말해줄게.

5 You had better not touch his smartphone. He will be mad.

그의 스마트폰을 건드리지 않는 게 좋을 거야. 화를 낼 거거든.

6 You'd better do your homework while I'm showing my smiling face.

내가 미소 짓는 얼굴을 보여주는 동안에 숙제를 하는 게 좋을 거야.

7 Nobody likes you, so you had better not come to our party.

아무도 널 좋아하지 않아, 그러니 너는 우리 파티에 안 오는 게 낫겠어.

8 You'd better not throw away that cup, it might be useful.

그 컵을 버리지 않는 게 낫겠어, 그것은 유용할지도 몰라.

9 It's a formal occasion, so you had better not wear jeans.

공식적인 경우야, 그러니 너는 청바지를 입지 않는 게 낫겠어.

10 You had better unplug the iron before you clean it.

당신은 다리미를 닦기 전에 플러그를 뽑아야 한다.

11 You'd better not go out in this hot weather. You're going to melt.

너는 이렇게 더운 날씨에 나가지 않는 게 낫겠다. 넌 녹아버릴 거야.

12 "You are right, Jake. Andrew, you had better learn a lesson from the hero," The God added.
"그렇단다 Jake야. Andrew야, 그 영웅으로부터 교훈을 좀 얻는 게 좋을 것이다." 내공의 신이 덧붙였다.

13 You'd better hurry, or there will be no tacos left.
서두르는 게 좋을 거야, 아니면 남겨진 타코가 없을 테니까.

14 We'd better not miss the start of his presentation.
그의 발표의 시작을 놓치지 않는 게 낫겠다.

15 A: You'd better not talk to Stuart now.
   B: Why?
   A: I don't know, but he is in a bad mood.
   A: 지금은 Stuart와 말하지 않는 게 나을 거야.
   B: 왜?
   A: 몰라, 하지만 그는 기분이 안 좋아.

Chapter 04 / 수동태

UNIT 13 수동태의 기본형

1 The webtoon isn't updated every day.
그 웹툰은 매일 업데이트되지 않는다.

2 A: Is German spoken (by people) in all European countries?
   B: No, in six European countries.
   A: 독일어는 모든 유럽 국가에서 사용됩니까?
   B: 아니오, 6개 나라에서요.

3 All articles are proofread before publication.
모든 글은 출판 전에 교정된다.

4 A: How often is the grass cut?
   B: Once a month, sir.
   A: 잔디는 얼마나 자주 깎이나요? B: 한 달에 한번입니다.

5 No masterpiece was ever created by a lazy artist.
어떤 걸작도 게으른 예술가에 의해 창조되지 않았다.

6 Cape Town is visited by millions of people every year.
케이프타운은 매년 수백만의 사람들에 의해 방문 되어 진다.

7 In any case, private information should not be disclosed.
어떤 경우에도 개인정보는 누설되면 안 됩니다.

8 Sometimes our efforts are not fully appreciated.
때로는 우리의 노력이 완전히 인정받지 못한다.

9 By whom are these reports reviewed at this news station?
이 뉴스 방송국에서는 누구에 의해 이 보도들이 검토되나요?

10 A: Do I also have to buy batteries?
   B: Yes, you do. They arc not included with the toy.
   A: 배터리도 사야 하나요?
   B: 네, 그래야 합니다. 그것들은 장난감 안에 포함되어 있지 않습니다.

11 "When innocent people are given new powers, they sometimes use them for their own desires."
"순진한 사람들이 새로운 힘을 받을 때, 그들은 때로로 그 힘을 자신들의 욕망을 위해 쓰게 된다."

12 First the apples are picked, then they are cleaned, and finally they're packed and shipped to the market.
우선 사과는 따지고, 그러고 나서 씻겨지고 마지막으로 포장되어 시장으로 운송된다.

13 This ice cream shop is run by a woman.
이 아이스크림 가게는 한 여성에 의해 운영된다.

14 Sorry, but this item can't be shipped to your selected address.
죄송합니다만, 이 품목은 당신이 선택한 주소로 배송될 수 없습니다.

15 The names of the speech contest winners are posted on the bulletin board.
말하기대회 수상자들의 이름이 게시판에 게시되어있다.

UNIT 14 수동태의 시제

1 Gravity was discovered by Isaac Newton.
중력은 아이작 뉴턴에 의해 발견되었다.

2 Look! Your car is being towed away by the police.
저기 봐봐! 너의 차가 경찰에 의해 견인되고 있어.

3 Have all the carpets been sold by the salesperson?
그 판매원에 의해 모든 카펫이 판매되었나요?

4 The landfill will not be built near our town.
그 매립지는 우리 마을 근처에 지어지지 않을 것이다.

5 Spanish is also spoken in Puerto Rico (by people).
스페인어는 푸에르토리코에서도 말해진다.

6 The windshield of my car was completely broken (by someone).
내 차의 앞유리가 완전히 박살 났다.

7 Thousands of animals have been raised on the factory farms (by farmers).
수천 마리의 동물들이 공장식 농장에서 길러져 왔다.

8 Why was the king chased out by his citizens?

왜 그 왕은 시민들에 의해 쫓겨났나요?

9 A new school has been built by the local council.

새로운 학교가 지방 의회에 의해 건설되어 왔다.

10 Bride: I don't know what to do for our wedding.

Groom: Don't worry. All the reservations are being made by the wedding planner.

신부: 결혼식을 위해 무엇을 해야 할지 모르겠어.

신랑: 걱정하지 마. 웨딩플래너에 의해 모든 예약이 되고 있어.

11 The health condition of McBride is being monitored by doctors.

McBride의 건강상태는 의사들에 의해 관찰되고 있다.

12 "At that moment, they have just been caught by an evil spirit, but they can't even imagine so."

"그 순간, 그들은 막 악의 기운에 사로잡힌 것이지만, 그들은 그렇다고 상상도 할 수가 없지."

13 The milk was delivered yesterday morning.

그 우유는 어제 아침에 배달되었다.

14 The eggs of penguins are being threatened by seagulls.

펭귄 알들이 갈매기들에 의해 위협을 받는 중이다.

15 Tanks have been used by armies all over the world since World War I.

1차 세계대전 이후로 전 세계에서 군대에 의해 탱크가 사용되었다.

UNIT **15** by 이외의 전치사를 사용하는 수동태

1 Why is my dog scared of fireworks?

Re: Don't take your dog to an event with a fireworks show. :)

Re: Turn on music and try to reduce the sound of the fireworks.

왜 제 개는 불꽃놀이를 무서워 하지요?

답변: 불꽃놀이 쇼가 있는 행사에 당신의 개를 데려가지 마세요.

답변: 음악을 틀어서 불꽃놀이의 소리를 줄이려고 해보세요.

2 The stadium is crowded with excited spectators.

그 경기장은 흥분한 관중들로 가득 메워져있다.

3 Michelle is worried about her son's stubbornness.

Michelle은 그녀의 아들의 완고함에 대해 걱정한다.

4 Dennis was pleased with his promotion.

Dennis는 그의 승진에 기뻐했다.

5 Tin foil isn't made of tin. It's made from aluminium.

은박지는 주석으로 만들어지지 않는다. 그것은 알루미늄으로 만들어진다.

6 Akiko's parents were embarrassed because she was married to an American.

Akiko의 부모님은 그녀가 미국인과 결혼하여 매우 당황하셨다.

7 The department store is filled with toys for the holiday sale.

백화점은 연휴 세일을 위한 장난감으로 가득 차 있다.

8 The Everest expedition has been caught in a snow storm for three days.

그 에베레스트 원정대는 3일 동안 눈보라에 갇혀 있었다.

9 Nana was amazed at the change in the children over the last few months.

Nana는 지난 몇 달 간에 걸친 아이들의 변화에 놀랐다.

10 Were you tired of the same old office politics and colleagues?

당신은 늘 똑같은 직장 내 정치와 직장 동료에 질렸나요?

11 "So Andrew, be careful when you are filled with the desire to use your powers for yourself, okay?"

"그러니 Andrew, 너의 힘을 너 자신을 위해 사용하고 싶은 욕망으로 가득할 때 조심하려무나. 알겠지?"

12 New Zealand is known as heaven on earth. It is also known to almost everybody. It is best known for its beautiful scenery.

뉴질랜드는 지상낙원으로 알려져 있다. 그곳은 또한 거의 모든 사람들에게 알려져 있다. 그곳은 아름다운 풍경으로 가장 알려져 있다.

13 He was shocked at[by] the loss of his favorite baseball team.

그는 그가 좋아하는 야구팀의 패배에 충격을 받았다.

14 The Galapagos Islands are located in 906 km west of Equador.

갈라파고스 군도는 에콰도르에서 서쪽으로 906km에 위치한다.

15 Malcolm X wasn't satisfied with the situation of African Americans.

Malcom X는 아프리카계 미국인들 상황에 만족하지 않았다.

Chapter 05 / 부정사·동명사

UNIT **16** 동사+목적어+to부정사

1 Tony wants his dad to play with him.

Tony는 그의 아빠가 그와 함께 놀아주기를 원한다.

2 My grandmother told me to cook multi-grain rice.

나의 할머니가 나에게 잡곡밥을 하라고 말씀하셨다.

3 We asked our coach to shorten the practice time.

우리는 우리의 코치에게 연습시간을 줄여달라고 요청했다.

4 The soldier promised his family to come back alive.

그 군인은 그의 가족에게 살아서 돌아오겠다고 약속했다.

5 Who taught you to hate the color of your skin?

누가 너에게 너의 피부색을 싫어하라고 가르쳤니?

6 Betty finally allowed her younger sister to enter her room.

Betty는 마침내 그녀의 여동생이 그녀의 방에 들어가는 것을 허락했다.

7 My father always advised me to be modest to everybody.

나의 아버지는 모든 사람들에게 겸손하라고 항상 충고하셨다.

8 The black ice on the road caused the car to spin around.

도로 위의 그 블랙아이스가 그 차를 빙글 돌게 했다.

9 I didn't expect her to forgive me, but she did so easily. I feel more scared.

나는 그녀가 나를 용서해주기를 기대하지 않았지만, 그녀는 매우 쉽게 그렇게 했다. 난 더 무서움을 느낀다.

10 The boss requires all employees to arrive early and leave late.

그 사장은 모든 직원들에게 일찍 도착하고 늦게 떠나라고 요구한다.

11 Andrew answered, "Yes, I understand. I promise my power to be used only to help other people."

Andrew는 답했다, "네, 알겠습니다. 오직 다른 사람들을 돕기 위해서만 제 힘이 사용되도록 약속 할게요."

12 Dad: Son, I'd like you to be a pro-gamer.

Son: Dad, please let me be a doctor.

Dad: Do not talk back constantly. Become a first class pro-gamer.

아빠: 아들아, 나는 네가 프로게이머가 되기를 원한다.

아들: 아빠, 제발 제가 의사가 되게 해주세요.

아빠: 꼬박꼬박 말대꾸하지 말아라. 일류 프로게이머가 되어라.

13 A: What <u>would</u> you <u>like</u> me <u>to do</u> for you?

B: Just look at me in the eyes.

A: 제가 당신을 위해 무엇을 하길 원하시나요?

B: 그냥 제 눈을 바라봐주세요.

14 The mentor <u>advised</u> us <u>not to be</u> too proud of ourselves.

그 멘토는 우리에게 너무 자만하지 말라고 충고했다.

15 I <u>want</u> you <u>to come</u> on and <u>save</u> my life as soon as possible.

나는 가능한 빨리 당신이 와서 나의 생명을 구하길 원해요.

1 Everybody likes to have fried chicken with cola.

모두들 프라이드 치킨을 콜라와 믹는 것을 좋아한다.

2 A: How's the main actor?

B: We began to find a new actor.

A: 주인공은 어때? B: 우리는 새 배우를 찾기 시작했어.

3 They planned to go on a trip to Philadelphia for Christmas.

그들은 크리스마스를 위해서 필라델피아로 여행가는 것을 계획했다.

4 He doesn't love to dance with his new partner.

그는 그의 새 파트너와 함께 춤추는 것을 좋아하지 않는다.

5 He managed to open the door without the key.

그는 열쇠 없이 가까스로 문을 열었다.

6 Professor: How many of you want to attend a lecture on Fridays?

Student: Not me.

Professor: Not me, either.

교수: 여러분들 중 금요일에 강의에 참여하고 싶은 사람은 몇 명인가요?

학생: 전 아닙니다.

교수: 나도 아니네.

7 Hey! You really expected to get a promotion. Congrats!

이봐! 자네 승진하길 정말 기대했잖아. 축하해!

8 A: Did he really learn to make panini at home?

B: Yes, I already had a piece. It was fantastic.

A: 그가 정말로 집에서 파니니 만드는 것을 배웠니?

B: 어, 나는 이미 한 조각 먹었어. 그것은 환상적이었어.

9 Mija pretended to be a student in order to get a student discount.

미자는 학생 할인을 받기 위해 학생인 척 했다.

10 Mandy promised to take care of our cat while we are on vacation.

Mandy는 우리가 휴가 간 동안에 우리의 고양이를 돌봐주기로 약속했다.

11 A: Have you made up your mind yet?

B: Yes, I choose not to accept the management position in Jakarta.

A: 결정하셨나요?

B: 네, 저는 자카르타에 있는 경영직을 수락하지 않기로 선택했습니다.

12 "That's my friend! I'll continue to watch over you to make sure you don't use your new powers for yourself," Jake said.

"역시 내 친구야! 너 자신을 위해서 너의 새로운 힘을 쓰지 않도록 내가 너를 지켜볼게." Jake가 말했다.

13 The Little Prince wanted <u>to give</u> a big smile to his flower.
어린왕자는 그의 꽃에게 함박웃음을 지어주고 싶었다.

14 Edward decided <u>not to study</u> economics in Toronto.
Edward는 토론토에서 경제학을 공부하지 않기로 결심했다.

15 I agree <u>to rent</u> this apartment for one year. How much is the deposit?
1년간 이 아파트 임대하는 것에 동의해요. 보증금이 얼마죠?

UNIT 18 보어로 쓰인 to부정사

1 The point of the game is to bust ghosts.
이 게임의 포인트는 귀신을 때려잡는 것이다.

2 His goal is to win an Olympic gold medal.
그의 목표는 올림픽 금메달을 따는 것이다.

3 Catherine's wish is to go back to France someday.
Catherine의 소망은 언젠가 프랑스로 돌아가는 것이다.

4 Hyerim likes origami. Her hobby is to make paper swans.
혜림이는 종이접기를 좋아한다. 그녀의 취미는 종이학을 만드는 것이다.

5 A: What's a good book?
B: I believe that a good book is to make people think.
A: 좋은 책은 무엇인가?
B: 저는 좋은 책은 사람들을 생각하게 만드는 것이라고 믿습니다.

6 My mission here is to protect this castle to the end, Your Highness.
이곳에서의 제 임무는 이 성을 끝까지 보호하는 것입니다, 전하.

7 A: What was your New Year's resolution?
B: It was to lose some weight...
A: 너의 새해 결심은 뭐였니?
B: 그것은 살을 좀 빼는 거였지…

8 The God said, "To keep your word is to be a good hero."
그 신이 말했다, "너의 말을 지키는 것이 좋은 영웅이 되는 것이다."

9 The fastest way to get to Mara Island is to travel with your best friend.
마라도까지 가는 가장 빠른 방법은 가장 친한 친구와 여행하는 것이다.

10 Real knowledge is to know the extent of one's ignorance. – Confucius
진정한 앎은 자신의 무지의 정도를 아는 것이니라. – 공자

11 The purpose of this meeting is to stop global warming.
이 회의의 목적은 지구 온난화를 멈추는 것이다.

12 Today's homework is to watch a documentary about water shortages.
오늘 숙제는 물 부족에 대한 다큐멘터리를 시청하는 것이다.

13 The singer's dream <u>was to make</u> the world a better place.
그 가수의 꿈은 세상을 더 좋은 곳으로 만드는 것이었다.

14 Mr. Jin's goal <u>is to enter</u> one of the medical schools in Korea.
진 씨의 목표는 한국에 있는 의대 중 한 곳에 들어가는 것이다.

15 Our plan <u>is to discover</u> new species of animal in the Amazon Rainforest.
우리의 계획은 아마존 열대우림에서 새로운 종의 동물을 찾는 것이다.

UNIT 19 주어로 쓰인 동명사

1 Taking a cold shower makes me feel refreshed.
차가운 물로 샤워를 하는 것은 나를 개운하게 만든다.

2 Stop, children! Jaywalking is very dangerous!
멈춰, 얘들아! 무단횡단은 매우 위험해!

3 A: Playing games is addictive.
B: So are you. :)
A: 게임을 하는 것은 중독성이 있다.
B: 그래 너도 중독성이 있어. :)

4 Working overtime is quite common in this company.
초과 근무를 하는 것은 이 회사에서 꽤나 일반적이다.

5 A: Speaking in front of a crowd is difficult.
B: Don't be nervous.
A: 관중들 앞에서 말하는 것은 어려워. B: 긴장하지 마.

6 A: Do you like spending time with Sarah?
B: Not really. Talking with her is so boring.
A: 너는 Sarah와 시간을 보내는 것 좋아하니?
B: 아니. 그녀와 말하는 것은 너무 지루해.

7 Italian thief: Stealing tourists' wallets is my job.
이탈리아 도둑: 여행객의 지갑을 훔치는 것은 내 일이다.

8 A: Does taking a nap help get rid of dark circles?
B: Dark circles are not caused by tiredness.
A: 낮잠 자는 것이 다크서클을 없애는 것을 도와주나요?
B: 다크서클은 피곤함에 의해 야기되지 않습니다.

9 Thinking differently is essential for designers.
생각을 다르게 하는 것은 디자이너들에게 필수적이다.

10 Learning Spanish is not so difficult after learning Italian.
이탈리아어를 배운 다음에 스페인어를 배우는 것은 그렇게 어렵지 않다.

11 "Keeping the promise will not be easy, but remember this. The villain also exploded when my planet was destroyed."

"그 약속을 지키는 것이 쉽지는 않겠지만, 이 점을 기억하려무나. 내 행성이 파괴되었을 때 그 악당 또한 폭발했단다."

12 Traveling around the world requires a lot of time and money.

세계 여행을 하는 것은 많은 시간과 돈을 요구한다.

13 Cooking for others is rewarding.

다른 사람들을 위해 요리하는 것은 보람 있다.

14 Eating ice cream on a windy day is a messy experience.

바람 부는 날 아이스크림을 먹는 것은 엉망인 경험이다.

15 Knowing the right thing is really different from doing the right thing.

옳은 일을 아는 것은 옳은 일을 하는 것과 정말 다르다.

UNIT 20 목적어로 쓰인 동명사

1 I'll let you in when I finish working.

내가 일을 끝내면 너를 들여보내줄게.

2 A: What is wrong with your computer?
B: It keeps shutting down.

A: 너의 컴퓨터에 문제 있니? B: 응, 계속 꺼져.

3 Models practice walking with a book on their heads.

모델들은 그들의 머리 위에 책을 올리고 걷는 것을 연습한다.

4 Matt had to quit jogging after he hurt his knee.

Matt은 그의 무릎을 다친 후로 조깅하는 것을 그만둬야 했다.

5 Taru imagined lying on a tropical beach under a palm tree.

Taru는 열대 해변에서 야자수 아래에 누워 있는 것을 상상했다.

6 A: Do you mind stepping back a little?
B: Of course not.

A: 뒤로 조금 물러서는 것을 꺼리시나요? B: 물론 아닙니다.

7 The teachers dislike looking at each other. I know why.

그 선생님들은 서로 보는 것을 피한다. 나는 이유를 알고 있어.

8 She gave up being a double agent and became a nun.

그녀는 이중스파이가 되는 것을 포기하고 수녀가 되었다.

9 He stopped drinking for his daughter and started looking for a job.

그는 그의 딸을 위해 술 마시는 것을 멈추고 일자리를 찾기 시작했다.

10 Life isn't about finding yourself. It's about creating yourself. – George Bernard Shaw

삶은 너 자신을 찾는 것에 관한 것이 아니다. 그것은 너 자신을 창조하는 것에 관한 것이다. – 조지 버나드 쇼

11 She wants to travel because she enjoys meeting people and seeing new places.

그녀는 여행하기를 원하는데 왜냐하면 그녀는 사람들을 만나고 새로운 장소를 보는 것을 즐기기 때문이다.

12 "Avoid paying attention to your desires and enjoy helping other people." The God disappeared again after saying this.

"너의 욕망에 관심을 기울이기를 피하고 다른 사람들을 돕는 일을 즐기거라." 그 신은 이렇게 말한 후에 다시 사라졌다.

13 See? I finally finished eating one liter of ice cream!

봤지? 나 마침내 아이스크림 1리터 먹는 것을 끝냈어!

14 My friends suddenly stopped talking when I entered the café.

내 친구들은 내가 카페에 들어갔을 때 갑자기 이야기하는 것을 멈췄다.

15 Teacher: This was your fault. You can't avoid cleaning the restroom as a penalty.

선생님: 이것은 너의 잘못이었다. 너는 벌로 화장실 청소하는 것을 피할 수 없어.

UNIT 21 보어로 쓰인 동명사

1 My father's job is fixing computer bugs.

나의 아빠의 직업은 컴퓨터 버그를 고치는 것이다.

2 Josh's wish is living for 100 years.

Josh의 소망은 100년 동안 사는 것이다.

3 One of his life goals is being a millionairess's husband.

그의 인생목표들 중 하나는 백만장자의 남편이 되는 것이다.

4 Erin's task is taking care of sick animals.

Erin의 업무는 아픈 동물들을 돌보는 것이다.

5 My role is serving the handicapped.

내 역할은 장애가 있는 사람들을 돕는 것이다.

6 My greatest fear was finding a snake in my sleeping bag.

나의 가장 두려움은 내 침낭에서 뱀을 발견한 것이었다.

7 His least favorite chore is vacuuming on Sundays.

그가 가장 싫어하는 집안일은 일요일에 진공청소기를 돌리는 것입니다.

8 My dream is watching a World Cup Final in person.

나의 꿈은 월드컵 결승전을 직접 보는 것이다.

9 Your mistake was believing what she told you.
당신의 실수는 그녀가 당신에게 얘기한 것을 믿은 것이었습니다.

10 A: So our new Miss World, what is your dream?
   B: My dream is creating world peace.
   A: 그래서 우리 새로운 미스월드, 당신의 꿈은 무엇입니까?
   B: 제 꿈은 세계평화를 이루는 것입니다.

11 Love is not just looking at each other, it's looking in the same direction. – Saint Exupery
사랑은 단지 서로 바라보는 것이 아니라, 그것은 같은 방향을 바라보는 것이다. – 생텍쥐페리

12 From that day, Andrew's goal has become protecting and helping other people with his new superpowers.
그날부터, Andrew의 목표는 그의 새로운 슈퍼파워로 다른사람들을 보호하고 지키는 것이 되었다.

13 My job is scoring goals and giving assists.
나의 일은 골을 넣고 어시스트를 하는 것이다.

14 Selena's homework is drawing a landscape.
Selena의 숙제는 풍경을 그리는 것이다.

15 My happiness is thinking about you 24/7.
나의 행복은 언제나 너에 대해 생각하는 것이야.

UNIT **22** 전치사의 목적어로 쓰인 동명사

1 Excuse me for bothering you.
당신을 방해해서 죄송해요.

2 She felt like having a cool glass of lemonade.
그녀는 시원한 레모네이드 한 잔을 마시고 싶었다.

3 I am ashamed of not trying to be the best.
나는 최고가 되기 위해 노력하지 않았던 것이 부끄럽다.

4 Sarah wasn't good at playing the violin, but she never gave up.
Sarah는 바이올린 연주를 잘 하지 못했지만 그녀는 절대 포기하지 않았다.

5 On seeing each other yesterday, we both started crying.
어제 서로를 보자마자, 우리 둘 다 울기 시작했다.

6 The monsoon prevented us from completing the construction.
장마는 우리가 그 공사를 완료하는 것을 방해했다.

7 Ms. Callahan was responsible for making the firm successful.
Callahan 씨는 그 기업을 성공적으로 만드는 것에 책임이 있었다.

8 Thank you all for paying attention to my announcement.
제 안내에 집중해 주신 것에 대해 여러분 모두에게 감사드립니다.

9 Indonesian people are excited about going on Eid al-Fitr holiday.
인도네시아 사람들은 이드 울피트르 휴가에 신난다.

10 Yann is from Finland, so he's used to living in very cold places.
Yann은 핀란드에서 와서 매우 추운 지역에서 사는데 익숙하다.

11 The principal told the joke without laughing during the morning assembly.
교장 선생님은 아침 조회 동안 웃음 없이 농담을 말했다.

12 One morning, Andrew was waiting for the train to school and reading the newspaper. Flashman's picture of saving people appeared on the front page.
어느날 아침에 Andrew는 학교로 가는 열차를 기다리며 신문을 읽고 있었다. 사람들을 구하는 Flashman의 사진이 신문 1면에 등장했다.

13 My mom is looking forward to seeing my brother.
우리 엄마는 내 남동생을 보기를 학수고대하고 있다.

14 Aisha dreamed[dreamt] of buying a cabin near the beach.
Aisha는 해변 근처의 오두막집을 사는 것을 꿈꾸었다.

15 Josh is not used[accustomed] to getting up early in the morning.
Josh는 아침 일찍 일어나는 것에 익숙하지 않다.

Chapter 06 / 분사

UNIT **23** 현재분사

1 This movie is full of surprising stories.
이 영화는 놀라운 이야기들로 가득 차 있다.

2 The woman (who is) cooking pasta is my sister.
파스타를 요리하고 있는 여자가 내 언니다.

3 Timothy showed me a picture of a sleeping panda.
Timothy는 나에게 잠자는 판다의 사진을 보여주었다.

4 The policeman riding a Segway smiled at her.
세그웨이를 타고 있는 경찰관이 그녀에게 미소 지었다.

5 A: Who's the girl swimming in the video?
 B: That's your wife from twenty years ago, Dad.
 A: 비디오에 나오는 수영하고 있는 소녀가 누구니?
 B: 20년 전 당신의 아내에요. 아빠.

6 It's weird watching people watching me.
 나를 바라보고 있는 사람들을 바라보는 것은 이상하다.

7 Look at the dragonflies flying around us. Let's catch them!
 우리 주위를 날고 있는 잠자리들을 봐. 그것들을 잡자!

8 The smell of burning leaves stirs memories of his childhood.
 타들어가는 잎사귀의 냄새는 그의 어린 시절의 기억을 떠올리게 했다.

9 Baby: Mom, Look! The flying birds look so free.
 Mom: Yes, but they look so dirty.
 아이: 엄마, 보세요! 날고 있는 새들은 자유로워 보여요.
 엄마: 응, 그러나 그들은 너무 더러워 보이는구나.

10 The train coming into the station sounded a little strange.
 역으로 들어오는 그 열차는 약간 이상한 소리가 났다.

11 Learning a language seems to be a never-ending process.
 언어를 배우는 것은 끝이 없는 과정처럼 보인다.

12 Hannah is a really interesting woman. She's lived all over the world and speaks five languages.
 Hannah는 굉장히 흥미로운 여성이다. 그녀는 세계 도처에서 살았고 5개의 언어를 말한다.

13 Barking dogs seldom bite.
 짖는 개는 좀처럼 물지 않는다.

14 We saw many girl students practicing songs in the park.
 우리는 공원에서 노래 연습을 하고 있는 많은 여학생들을 봤다.

15 There are a lot of people waiting in line to enter the stadium
 경기장에 들어가려고 줄에서 기다리는 많은 사람들이 있다.

UNIT **24** 현재분사 vs. 동명사

1 Walking is a great form of exercise.
 걷는 것은 운동의 훌륭한 형태이다.

2 He is walking on pins and needles.
 그는 바늘방석을 걷고 있다.(초조하게 있다.)

3 Nina dived into the swimming pool.
 Nina는 수영장으로 뛰어들었다.

4 He waved to the swimming child.
 그는 수영하고 있는 아이에게 손을 흔들었다.

5 Listening to classical music makes me relaxed.
 클래식 음악을 듣는 것은 나를 편안하게 만든다

6 Joan is listening to classical music to be relaxed now.
 Joan은 지금 편안해지기 위해 클래시 음악을 듣고 있다.

7 Using chopsticks is never easy for babies.
 젓가락을 사용하는 것은 아기들에게 절대 쉽지 않다.

8 Those Western people are using chopsticks.
 저 서양인들이 젓가락을 사용하고 있어.

9 Living in New York is exciting but expensive.
 뉴욕에서 사는 것은 신나지만 비싸다.

10 Lisa is living in New York now because of her job.
 Lisa는 그녀의 직업 때문에 지금 뉴욕에서 살고 있다.

11 I love dancing teddy bears. They are dancing gracefully.
 나는 춤추는 곰인형들을 좋아한다. 그것들은 우아하게 춤을 추는 중이다.

12 The running train was shaking a lot because its rails were being destroyed by a strange man wearing a black suit.
 그 열차의 철도가 검은 양복을 입은 어떤 이상한 사람에 의해 파괴되고 있었기 때문에 그 달리는 열차는 많이 흔들리고 있었다.

13 His job is driving a taxi.
 그의 직업은 택시를 운전하는 것이다. 정답: 동명사

14 He was driving a taxi to Goyang Sports Complex.
 그는 고양 종합 운동장으로 택시를 운전하고 있었다.
 정답: 현재분사

15 An old man was 1)walking with a 2)walking stick in his hand.
 한 노인이 손에 지팡이를 가지고 걷고 있었다.
 정답: 1) 현재분사 2) 동명사

UNIT **25** 과거분사

1 She always eats boiled eggs for breakfast.
 그녀는 항상 아침으로 삶은 달걀을 먹는다.

2 That is the only cup designed by her.
 그것은 그녀가 디자인한 단 하나의 컵이다.

3 The doctor examined my broken arm.
 의사선생님께서 나의 부러진 팔을 검진하셨다.

4 The interview (which was) planed for today is delayed to Friday.
 오늘 계획되었던 면접은 금요일로 지연됩니다.

5 This meeting is for students interested in driverless cars.
 이 회의는 무인자동차에 관심 있는 학생들을 위한 것입니다.

6 The irritated kid started tugging at his bow tie
그 짜증난 아이는 자신의 나비넥타이를 잡아당기기 시작했다.

7 Doctor 1: How's the boy taken to the emergency room doing?

Doctor 2: Well, he's getting better.

의사 1: 응급실로 실려 온 남자애 어때?
의사 2: 음, 점점 나아지고 있어요.

8 The song sung last night is still in my head.
어젯밤 들은 노래는 여전히 내 머릿속에 있다.

9 The battle fought at this place was significant.
이 지역에서 치뤄진 전투는 중요했다.

10 The picture stolen from a museum was sold on Amazon last night.
박물관에서 도난당한 그 그림은 어젯밤 Amazon에서 팔렸다.

11 We visited the temple in China built 500 years ago.
우리는 500년 전에 지어진 중국에 있는 사원을 방문했다.

12 The odd man was on the track. The strong energy from him was the reason for the broken track!
그 이상한 남자는 열차 선로위에 있었다. 그로부터 나오는 강한 에너지가 바로 파괴된 선로의 이유였다!

13 I don't want to eat this burnt[burned] toast! Make it again!
저는 이 탄 토스트를 먹고 싶지 않아요! 다시 만드세요!

14 The experiment conducted by Han and June was very successful.
Han과 June에 의해 수행된 실험은 매우 성공적이었다.

15 The room reserved for you isn't ready yet, so please wait a little while.
여러분들을 위해 예약된 방이 아직 준비가 되지 않았으므로, 잠시만 기다려 주십시오.

UNIT 26 분사형용사(감정형용사)

1 I'm annoyed by his rude behavior.
나는 그의 무례한 행동 때문에 짜증이 난다.

2 Ted's continuous questions were a little tiring.
Ted의 계속되는 질문은 약간 피곤하게 했다.

3 The accident at the conference was shocking.
그 회의에서의 사고는 충격적이었다.

4 Are you feeling frustrated in your present job?
당신은 당신의 현재 직업에 좌절을 느끼고 있나요?

5 A: Have you ever heard her speech about her childhood?

B: Yes. It's so touching.

A: 그녀의 어린시절에 관한 연설을 들어 본 적 있니?
B: 응. 정말 감동적이야.

6 Some people are never satisfied with anything.
어떤 사람들은 어떤 것에도 결코 만족하지 못한다.

7 I'm pleased to hear your grandmother is feeling better.
나는 당신의 할머니께서 건강을 회복하신다는 것을 들어서 기쁩니다.

8 This weather is depressing! Is it ever going to stop raining?
이런 날씨는 우울해! 비가 멈추긴 할까?

9 It's frightening to think the flood could happen again.
그 홍수가 다시 일어날 수도 있다고 생각하는 것은 무섭다.

10 William was shocked when his friend admitted stealing some money.
William은 그의 친구가 돈을 훔친 것을 인정했을 때 충격을 받았다.

11 Parents are sometimes embarrassed when their children act badly in public.
부모님들은 그들의 아이들이 남들 앞에서 나쁘게 행동할 때 때때로 당황한다.

12 Andrew was confused by the scene because the man in a black suit also seemed to have a kind of superpower.
Andrew는 검은 복장을 입은 그 남자 또한 일종의 슈퍼파워를 가진 것처럼 보였기 때문에 그 장면에 혼란스러웠다.

13 The South American food festival was so amazing.
남미 음식 축제는 정말 대단했다.

14 The difference between the words 'borrow' and 'lend' is confusing.
'borrow(빌리다)'와 'lend(빌려주다)'라는 단어 사이의 차이점은 헷갈린다.

15 Derek's grades were disappointing, but his mother was not disappointed.
Derek의 성적은 실망스러웠지만, 그의 엄마는 실망하지 않았다.

UNIT 27 분사구문

1 Smiling brightly, the lady punched me hard.
밝게 웃으면서 그 여인은 나를 세게 쳤다.

2 Being sick, I didn't go to hospital.
나는 아팠지만 병원에 가지 않았다.

3 Shouting angrily, the woman chased the thief.
성나게 소리치면서 그 여자는 도둑을 추격했다.

4 Waiting in the hall, she overheard a conversation.
복도에서 기다리면서 그녀는 어떤 대화를 엿들었다.

5 Knowing that his mother was coming, Ryan turned the computer off.
Ryan은 그의 엄마가 오고 있다는 것을 알고 컴퓨터를 껐다.

6 Turning left, you will find the Darakwon building on your right.
왼쪽으로 돌면, 당신의 오른쪽에서 다락원 건물을 찾게 될 것입니다.

7 (Being) invited to the farewell party, she did not come.
작별파티에 초대되었음에도 불구하고 그녀는 오지 않았다.

8 Exhausted from the hike, Tim dropped to the ground.
도보여행으로 기진맥진하여, Tim은 바닥에 쓰러졌다.

9 Marco was putting his baby to sleep, playing the piano.
Marco는 피아노를 연주하며 자신의 아기를 재웠다.

10 Surprised to find my lost dog again, I couldn't stop crying.
잃어버렸던 나의 개를 찾게 되어 놀라서, 나는 울음을 멈출 수 없었다.

11 Trying his best, Aidan couldn't break his personal best record.
최선을 다 했지만, Aidan은 자기 최고 기록을 깰 수 없었다.

12 Using his superpowers, Andrew changed his clothes to his Flashman suit in a flash.
그의 슈퍼파워를 이용하여 Andrew는 순식간에 그의 Flashman 옷으로 갈아입었다.

13 Forgetting his promise, Keith returned home late.
그의 약속을 까먹었기 때문에 Keith는 집에 늦게 돌아왔다.

14 Dwight is at the office, e-mailing his clients discount coupons.
Dwight는 고객들에게 할인 쿠폰들을 이메일로 보내면서 사무실에 있다.

15 Being an only child, I didn't want to have any siblings.
외동이었을 지라도 나는 형제자매들을 가지는 것을 원하지 않았다.

Chapter 07 / 관계대명사

UNIT 28 who

1 I have a friend who worries me.
나는 날 걱정시키는 친구가 있다.

2 He met the woman whose first name is Carmen.
그는 이름이 Carmen인 여자를 만났다.

3 My friend whom I haven't seen for 10 years is here.
10년간 못 봤던 친구가 여기 있다.

4 He doesn't like a person who is too silent.
그는 너무 조용한 사람을 좋아하지 않는다.

5 The woman who(m) my brother loves is from Nagasaki.
내 남동생이 좋아하는 여자는 나가사키 출신이다.

6 I have a neighbor whose garden is full of sunflowers.
나는 정원이 해바라기로 가득 찬 이웃이 있다.

7 The police arrested a man (whom) Jay traded items with.
경찰은 Jay와 아이템을 거래했던 남자를 체포했다.

8 I took a picture of the man (who is) wearing a kilt.
나는 킬트를 입고 있는 남자의 사진을 찍었다.

9 A: Isn't that the man whose brother is a famous pianist?
B: Yes, he will give a concert soon.
A: 저 사람 남동생이 유명한 피아니스트 아니니?
B: 응, 그는 곧 콘서트를 열거야.

10 Don't trust the person who has broken faith once. – William Shakespeare
신념을 한 번 어겨온 사람을 신뢰하지 마라. – 윌리엄 셰익스피어

11 My uncle who knows everything about computers will certainly be able to help you.
컴퓨터에 대해 모든 것을 아는 우리 삼촌이 너를 분명히 도와줄 수 있을 거야.

12 The people who were on the train were facing a huge accident because the train was out of control.
열차에 타고 있던 사람들은 그 열차가 조종 불가 상태가 되었기 때문에 거대한 사고를 직면하고 있었다.

13 A: Is the boy whose head is shaved Sam?
B: OMG, you're right! He is completely bald now.
A: 머리를 민 남자애가 Sam이니?
B: 세상에, 맞아! 그는 이제 완전 대머리야.

14 They recognized the boy who(m) they met yesterday.
그들은 어제 만났던 그 소년을 알아보았다.

15 Only people who are at least 130 centimeters tall can ride this roller coaster.
키가 적어도 130cm인 사람들만 이 롤러코스터를 탈 수 있습니다.

1 I like movies which have happy endings.
나는 해피엔딩이 있는 영화들이 좋다.

2 Look at the birds whose feathers are white.
하얀 깃털을 가지고 있는 저 새들을 봐라.

3 Love is a feeling which nobody can describe.
사랑은 어느 누구도 묘사할 수 없는 감정이다.

4 Henry's hobby is to collect caps which are colorful.
Henry의 취미는 화려한 야구 모자를 모으는 것이다.

5 The copy machine (which) we bought needs to be exchanged.
우리가 산 복사기는 교환되어야 한다.

6 That's the song of which the lyrics remind me of my youth.
그것은 그 가사가 나의 젊은 시절을 생각나게 해주는 노래이다.

7 A: David cut down a tree which is 200 years old.
   B: He did? Is he crazy?
   A: David가 200년 된 나무를 베었어.
   B: 걔가 그랬어? 걔 미쳤니?

8 They used to live in a mansion whose gate was always open.
그들은 출입문이 항상 열려있는 대저택에 살곤 했다.

9 The telephone is an invention which has revolutionized the world.
전화는 세상에 혁신을 일으킨 발명품이다.

10 First, Andrew needed to stop the train which was rushing into the platform.
우선, Andrew는 플랫폼으로 돌진하고 있는 그 열차를 멈춰야 했다.

11 A: Hey, what did I miss?
   B: Everybody was talking about the robbery which happened last week.
   A: 내가 뭘 놓친 거야?
   B: 모든 사람이 지난주에 일어난 강도사건에 대해 이야기 하고 있었어.

12 The book (which) I read yesterday was about the importance of planning.
내가 어제 읽었던 그 책은 계획하기의 중요성에 대한 것이었다.

13 Joe caught a bug whose sound was very noisy.
Joe는 매우 시끄러운 소리를 내던 벌레를 잡았다.

14 Do you remember the house which has a blue roof?
너는 파란 지붕이 있던 그 집을 기억하니?

15 Have you seen the video clip which Scott uploaded on his blog?
Scott이 그의 블로그에 업로드시킨 동영상 봤니?

1 Who was the girl that you were talking to?
네가 대화를 했던 그 소녀가 누구였니?

2 The bat is the only mammal that can fly.
박쥐는 날 수 있는 유일한 포유동물이다.

3 I was the first student that passed the word test.
나는 단어시험을 통과한 첫 번째 학생이었다.

4 These are the same people that joined our club recently.
이 분들이 최근에 우리 동아리에 가입한 바로 그 분들이다.

5 The pillow is for people and pets that have insomnia.
그 베개는 불면증이 있는 사람들과 애완동물들을 위한 것입니다.

6 This is the most gorgeous evening that I could spend with him.
이것이 내가 그와 보낼 수 있는 가장 멋진 저녁이다.

7 All (that) I want for Christmas is you.
크리스마스를 위해 내가 원하는 모든 것은 당신입니다.

8 The movie that starts at 6 is too early. Why don't we see the next one?
6시에 시작하는 그 영화는 너무 이르다. 다음 것을 보는 건 어떨까?

9 We're moving to a new house for the baby that will be born next month.
우리는 다음 달에 태어날 아기를 위해 새로운 집으로 이사를 할 것이다.

10 We bought a chainsaw that we cut all the trees up with.
우리는 모든 나무를 벨 수 있는 체인톱을 샀다.

11 Ladies and Gentlemen! The magician can guess everything that you are thinking.
신사 숙녀 여러분! 이 마술사는 당신이 생각하는 모든 것을 알아맞힐 수 있습니다.

12 So, he jumped on the train, got into the first car that had emergency brake, and pulled it with all his power.
그래서 그는 열차 위로 뛰어올라, 비상브레이크가 있었던 첫 번째 열차로 들어가서, 그의 온 힘을 다해 브레이크를 당겼다.

13 This is the girl that[who] traveled all around China.
이 아이가 중국 전체를 여행한 소녀이다.

14 Everything that you can imagine is real.
   – Pablo Picasso
네가 상상할 수 있는 모든 것은 현실이다. – 파블로 피카소

15 What is the name of the café that[which] you went to yesterday?
네가 어제 갔던 그 카페의 이름이 뭐니?

UNIT **31** what

1 You reap what you sow.
네가 뿌린 대로 거둔다.

2 What goes around comes around.
가는 것은 돌아온다. (남에게 한 대로 되받게 되는 법)

3 I know what you did last summer.
나는 지난 여름에 네가 한 것을 알고 있다.

4 Paid leave is what makes me really happy.
유급휴가는 나를 정말로 행복하게 만드는 것이다.

5 Finish what you didn't finish yesterday today.
어제 네가 끝내지 못한 것을 오늘 끝내라.

6 What makes me stronger are haters' comments.
나를 더 강하게 만드는 것은 악플이다.

7 The cat only drinks what his master gives.
그 고양이는 주인이 주는 것만 마신다.

8 A: Don't you remember what you promised a second ago?
B: What? Do I know you?
A: 너는 1초전에 약속했던 것도 기억 못하니? B: 뭐요? 저 아세요?

9 What Mr. Grey wrote on the whiteboard is impossible to read.
Grey 씨가 화이트보드에 쓰셨던 것은 읽기가 불가능하다.

10 CEO: We should know what the customers want and what they do not want.
최고경영자: 우리는 고객이 원하는 것과 원하지 않는 것을 알아야 합니다.

11 What interested Jeff most was playing rugby. But he ended up being a juggler.
Jeff가 가장 관심있어 했던 것은 럭비하는 것이었다. 하지만 그는 결국에는 저글러가 되었다.

12 What he did made a really loud noise, and the train stopped right before colliding with the platform.
그가 한 일은 정말로 시끄러운 소음을 일으켰고 열차는 플랫폼에 충돌하기 바로 직전에 멈췄다.

13 Excuse me, is this what I ordered?
실례합니다만, 이게 제가 주문한 것인가요?

14 Many students don't know what they want to be in the future.
많은 학생들이 그들이 미래에 되고 싶은 것을 모른다.

15 When you have too much work to do, start with what seems to be the easiest.
당신이 해야 할 일이 너무 많을 때에는, 가장 쉬운 것처럼 보이는 것부터 시작해 보세요.

Chapter 08 / 명사·대명사

UNIT **32** 재귀대명사

1 Jim saw himself in the mirror.
Jim은 거울 속의 자기 자신을 보았다.

2 Eric sometimes talks to himself.
Eric은 때때로 혼잣말을 하곤 한다.

3 Ms. Fukuhara herself changed her flat tire.
Fukuhara 씨가 직접 자신의 펑크 난 타이어를 교체했다.

4 I enjoy having meals by myself.
나는 혼자서 식사 하는 것을 즐긴다.

5 Jack always thinks about himself only.
Jack은 언제나 그 자신에 대해서만 생각한다.

6 On the first day of class, the students introduced themselves.
수업의 첫 날에, 학생들은 자기소개를 했다.

7 You need to protect yourselves from cold.
여러분들은 감기로부터 자신을 지킬 필요가 있습니다.

8 The coffee machine itself is an excellent barista.
이 커피 기계는 그 자체가 훌륭한 바리스타입니다.

9 Calvin created the company for himself. He's amazing!
Calvin은 혼자의 힘으로 그 회사를 만들었다. 그는 대단해!

10 The top student: I've never had a private lesson. I just taught myself.
전교 1등: 난 단 한 번도 과외를 받은 적이 없어. 난 독학으로 공부했지.

11 Maria, you don't have to blame yourself for the accident. The car moved of itself.
Maria, 너는 그 사고에 대해 너 자신을 탓할 필요가 없어. 차가 저절로 움직였잖아.

12 Andrew himself couldn't believe what happened. Like a miracle, nobody on the platform or the train got hurt!
Andrew 스스로도 벌어진 일을 믿을 수가 없었다. 마치 기적처럼, 플랫폼 위나 열차에 탄 그 누구도 다치지 않았다!

13 The girl often goes to the movies by herself.
그 소녀는 종종 혼자 영화를 보러 간다.

14 There's enough food here. Help yourself[yourselves].
여기 충분한 음식이 있습니다. 마음대로 드세요.

15 He wanted to impress her, so he climbed a tall tree himself.
그는 그녀에게 깊은 인상을 남기고 싶어서 그 자신이 큰 나무에 올랐다.

1 It is a piece of cake.
그것은 케이크 한 조각이다.(식은 죽 먹기다.)

2 Pass me a slice of pizza, please.
피자 한 조각 좀 건네주세요.

3 I ate two glasses of milk and two bowls of cereal.
나는 두 잔의 우유와 시리얼 두 공기를 먹었다.

4 She had six pieces of apple pie for dessert.
그녀는 후식으로 사과파이 여섯 조각을 먹었다.

5 The boy wanted a bowl of mushroom soup for his younger sister.
그 소년은 여동생을 위해서 한 그릇의 버섯 스프를 원했다.

6 He used to give me a piece of advice on my task.
그는 나에게 나의 업무에 관한 충고를 해주곤 했다.

7 Did you order a cup of americano or a glass of iced cappuccino?
아메리카노를 주문하셨나요 아니면 아이스 카푸치노를 주문하셨나요?

8 A round of cheers and applause came from the crowd!
한바탕 환호와 박수갈채가 사람들로부터 나왔다.

9 He decided to knock on the door and ask her for three loaves of bread.
그는 문을 두드리고 그녀에게 빵 세 조각을 요청하기로 결심했다.

10 I have received many bunches of flowers from many girls for ten years.
나는 10년간 많은 소녀들에게 많은 꽃다발을 받았다.

11 Jean Valjean stole a loaf of bread and he was imprisoned for nineteen years.
장발장은 빵 한 덩이를 훔치고 19년간 투옥되었다.

12 A: You didn't forget his birthday cake?
B: Yes, I've already ordered a special cake. Ten pieces of strawberry cake and ten pieces of chocolate cake.
A: 너 그의 생일 케이크 잊지 않았지?
B: 응 이미 특별한 케이크를 주문했지. 10조각의 딸기 케이크와 10조각의 초코 케이크.

13 A slice of beef or veal is called a steak.
소나 송아지 고기의 한 조각을 스테이크라고 부른다.

14 To make *tteokgalbi*, you need four pounds of meat, some salt and flour.
떡갈비를 만들기 위해서, 당신은 4파운드의 고기, 약간의 소금 그리고 밀가루가 필요해요.

15 Alice bought two bottles of honey at the market to make a bar of soap.
Alice는 비누 하나를 만들기 위해 시장에서 꿀 두 병을 샀다.

1 We stayed a few days in Florence.
우리는 플로렌스에서 며칠 머물렀다.

2 There were few people on the street last night.
어젯밤에 길거리에 사람이 거의 없었다.

3 There is a little water in the bottle.
병에 물이 조금 있다.

4 Ron has little free time even on the weekend.
Ron은 주말조차 자유 시간이 거의 없다.

5 She has to buy a few grapefruits to make grapefruit juice.
그녀는 자몽 주스를 만들기 위해 몇 개의 자몽을 사야한다.

6 A: How's the bus service at night?
B: There are few buses after 10 o'clock.
A: 밤에 버스 서비스는 어떤가요?
B: 10시 이후에는 버스가 거의 없습니다.

7 There is little hope of finding the missing people alive.
실종자들이 산 채로 발견될 희망은 거의 없다.

8 I have little patience. Just tell me what you want.
난 참을성이 거의 없어. 그냥 너가 원하는 것을 말해.

9 I just bought the small diamond ring because I had little money.
나는 돈이 거의 없었기 때문에 작은 다이아몬드 반지만 샀다.

10 Saying hello to your neighbors takes little effort, but brings a lot of happiness.
당신의 이웃들과 인사하는 것은 거의 노력이 들지 않지만, 많은 행복을 가져다준다.

11 Nurse: Fredo may feel alone in the hospital. Few people have visited him.
간호사: Fredo는 병원에서 외로움을 느낄 거 같아. 그를 문병하러 온 사람이 거의 없었어.

12 People shouted, "Wow! Thank you! A lot of people were about to lose their lives! You saved them! There's little doubt about it!"
사람들은 소리쳤다. "와! 고마워요! 많은 사람들이 그들의 목숨을 잃을 뻔 했어요! 당신이 그들을 구했어요! 그점에 대해 의심의 여지가 거의 없군요!"

13 A: When did Priha go out?
B: A few minutes ago.
A: Priha가 언제 나갔어? B: 몇 분 전에.

14 Listen carefully. I'm going to give you a little advice.
잘 들어. 나는 너에게 약간의 충고를 할 거야.

15 I made a few friends in my childhood, but few of them are in touch now.
나는 어린 시절에 친구들을 좀 사귀었지만, 그들 중 지금 연락이 닿는 이가 거의 없다.

1 A: Do you have a hammer? B: Yes, I have one.
A: 너 망치 있니? B: 어, 하나 있어.

2 This orange is rotten. I want another.
이 오렌지는 썩었어요. 저는 다른 것을 원해요.

3 This item seems great, but can I see another one?
이 물건이 훌륭해 보이지만, 다른 것도 볼 수 있나요?

4 I can't help you because I'm busy with other things.
제가 지금 다른 일로 바빠서 당신을 도와드릴 수가 없어요.

5 Noah is always kind, but he has no interest in helping others.
Noah는 항상 친절하지만, 다른 사람들을 돕는데는 관심이 없다.

6 No one has ever seen the other side of the moon.
어느 누구도 달의 반대편을 본 적이 없다.

7 She has two sons. One is handsome, and the other is more handsome.
그녀는 아들 둘이 있다. 한 명은 잘 생겼고, 다른 한 명은 더 잘생겼다.

8 Joan is with three friends in a café. One is Mina, another Hannah, and the other Emma.
Joan은 카페에 두 명의 친구들과 함께 있다. 한 명은 Mina이고 다른 한 명은 Hannah, 그리고 나머지 하나는 Emma이다.

9 (playing hide and seek) I found some of my guests in the attic, but where were the others?
(술래잡기 놀이 중) 방문자 중 몇몇은 다락에서 찾았는데, 나머지는 어디에 있었지?

10 Some of the presidents arrived on Thursday. Others arrived the following day.
일부 대통령들은 목요일에 도착했다. 또 다른 대통령들은 다음 날 도착했다.

11 But there was a sudden tension between the two men with superpowers. One was in a red suit, and the other was in a black suit.
그러나 슈퍼파워를 가진 두 사람 사이에 갑작스레 긴장이 있었다. 한 명은 빨간색 옷을, 다른 사람은 검은색 옷을 입고 있었다.

12 She has four pairs of sneakers. One is cyan, another is magenta, the third is yellow, and the other is black. And she is going to buy another.
그녀는 네 켤레의 운동화를 갖고 있다. 하나는 청록색, 다른 하나는 자홍색, 세 번째는 노란색, 나머지는 검은 색이다. 그리고 그녀는 한 켤레 더 살 것이다.

13 Would you please sing another song? I'm sick of this one!
제발 다른 노래를 불러줄래? 이 노래는 지겨워!

14 He was holding a bucket of popcorn in one hand, and a movie ticket in the other.
그는 한 손에는 팝콘 한 통을, 다른 한 손에는 영화표를 들고 있었다.

15 Michiko bought three T-shirts yesterday. One is from London, another is from New York, and the other is from Milan.
Michiko는 어제 3개의 티셔츠를 샀다. 하나는 런던, 다른 하나는 뉴욕, 그리고 나머지 하나는 밀라노 것이다.

1 All of the furniture here is from Italy.
여기 모든 가구는 이탈리아에서 왔다.

2 Both of his daughters are going to get married tomorrow.
그의 딸 둘 다 내일 결혼할 것이다.

3 Each student has to give a twenty-minute presentation.
각각의 학생들은 20분짜리 발표를 해야 합니다.

4 Mr. Son has collected every dragon ball.
손 씨는 모든 드래곤볼을 모았다.

5 Every boy and girl was ready to run a marathon.
모든 소년과 소녀들이 마라톤을 뛸 준비가 되어 있었다.

6 The twins dislike each other, but the triplets like one another.
그 쌍둥이들은 서로 미워하지만, 세 쌍둥이들은 서로 좋아한다.

7 Each of his sons was popular among the girls in this town.
그의 아들 각각은 이 마을의 소녀들 사이에서 유명했다.

8 Ariane and John visit this nursing home every two weeks.
Ariane과 John은 2주마다 이 요양원을 방문합니다.

9 All of the actors enjoyed every minute of the musical.
모든 배우들이 뮤지컬의 매 순간을 즐겼다.

10 Every student should submit their reports by this Friday.
모든 학생은 이번 주 금요일까지 과제를 제출해야 한다.

11 Both of the soprano singers are wearing blue pants.
두 소프라노 가수들은 모두 파란색 바지를 입고 있다.

12 The man in black said, "Hehe... So, you disrupted my plans. Why don't we introduce ourselves to each other? I'm Seismico, and I can control earthquake."
검은 옷을 입은 사람이 말했다, "흐흐… 그래서, 네가 내 계획을 방해했군. 우리 서로 소개해볼까? 나는 Seismico(싸이즈미코)이고, 지진을 통제할 수 있지."

13 All the members of the group have blue eyes and blonde hair.
그 모둠의 모든 구성원들은 파란 눈과 금발 머리이다.

14 Both of the cities are approximately 2,500 feet above sea level.
그 도시 둘 다 대략적으로 해발 2,500피트이다.

15 Every person has right to personal liberty and security.
모든 사람은 개인의 자유와 안전에 대한 권리를 갖고 있다.

Chapter 09 / 비교급

UNIT 37 비교급을 이용한 최상급

1 Mr. Samson is stronger than any other man.
Samson 씨는 다른 어떤 남자보다 더 강하다.

2 No other pet is cuter than mine.
어떤 애완동물도 내 것보다 귀엽지 않다.

3 We fight more frequently than any other couple.
우리는 다른 어떤 커플보다 더 자주 싸운다.

4 No other place is hotter than Loot Desert in Iran.
어떤 장소도 이란에 있는 Loot 사막보다 덥진 않다.

5 On the playground, he is faster than any other friend.
운동장에서, 그는 다른 어떤 친구보다도 더 빨랐다.

6 No other movie is longer than *Logistics*.
어떤 영화도 'Logistics'보다 길지 않다.

7 No other mammal is larger than a blue whale.
어떤 포유류도 흰 수염고래보다 크지 않다.

8 Mr. Dunkin ate doughnuts more than any other child.
Dunkin 씨는 다른 어떤 아이보다도 도넛을 더 많이 먹었다.

9 My mom's cookies were more delicious than any other cookie.
내 엄마의 쿠키는 다른 어떤 쿠키보다도 더 맛있었다.

10 No other form of transportation is more punctual than the metro.
어떤 대중교통도 지하철보다 더 시간을 정확히 지키지 않는다.

11 No other skyscraper is taller than the Burj Khalifa in Dubai.
어떤 마천루도 두바이에 있는 부르즈 칼리파보다 높지 않다.

12 Andrew answered, "I'm Flashman. Your name isn't Psycho? You seem crazier than any other person on earth! Why did you make an earthquake here?"
Andrew가 답했다. "나는 Flashman이다. 네 이름 싸이코 아니냐? 네가 지상에서 가장 미친 것처럼 보이는데 말야! 왜 여기에서 지진을 만들었지?"

13 Hawaii is sunnier than any other state.
하와이 주는 다른 어떤 주보다 더 맑다.

14 No other knight in this kingdom is braver than Rob.
이 왕국의 다른 어떤 기사도 Rob보다 용감하지 않다.

15 This bag is more expensive than any other bag in this shop.
이 가방은 이 가게의 다른 어떤 가방보다 더 비싸다.

UNIT 38 비교급 강조 부사

1 A sunflower smells much sweeter than a tulip.
해바라기가 툴립보다 훨씬 더 향기롭다.

2 His mom is far older than his dad.
그의 엄마는 그의 아빠보다 훨씬 더 나이가 많다.

3 Love is even more precious than money.
사랑은 돈보다 훨씬 더 소중하다.

4 Why is everyone else far luckier than me?
왜 다른 모든 사람은 나보다 훨씬 운이 좋을까?

5 Susan looks a lot happier tonight. What is making her smile?
Susan은 오늘 밤 훨씬 행복해 보인다. 무엇이 그녀를 웃게 만드는 걸까?

6 The weather was still colder than I expected.
날씨는 내가 기대했던 것보다 훨씬 추웠다.

7 This car is much more expensive than that one.
이 차는 저 차보다 훨씬 더 비싸다.

8 Carla can understand Italian even better than Marco.
Carla는 Marco보다 이탈리아 어를 훨씬 더 잘 이해할 수 있다.

9 Chen's sister earned much more money than him last year.
Chen의 여동생은 작년에 그보다 훨씬 더 많은 돈을 벌었다.

10 A: A sister-in-law is far nastier than a mother-in-law.
B: I can't say no. You're also going to be a sister-in-law soon.
A: 시누이가 시어머니보다 훨씬 더 고약해.
B: 아니라고는 못하겠어. 너도 곧 시누이가 될 거니까.

11 Jen came to school even earlier than her teacher this morning.

Jen은 오늘 아침에 그녀의 선생님보다 훨씬 더 빨리 학교에 왔다.

12 "I am even stronger than any other superhero. I'm going to prove it by beating you today!" Seismico said.

"나는 지구상의 어떠한 슈퍼히어로 보다 훨씬 더 강하다. 나는 오늘 너를 이김으로써 그 점을 증명할 것이다!" Seismico가 말했다.

13 Your son's essay is even more unique than others.

당신 아들의 에세이는 다른 것들보다 훨씬 더 독특하다.

14 It is no doubt that my gift box is still bigger than yours. Puhaha!

내 선물상자가 네 것보다 훨씬 더 큰 것은 의심의 여지가 없지. 푸하하!

15 Natasha is much more selfish than Juliet. So, she has no friend.

Natasha 는 Juliet보다 훨씬 더 이기적이다. 그래서 그녀는 친구가 없다.

UNIT 39 최상급

1 Who is the laziest person of the five?

다섯 중 가장 게으른 사람은 누구니?

2 The hottest love has the coldest end.
– Socrates

가장 뜨거운 사랑은 가장 차가운 결말을 갖고 있다.
– 소크라테스

3 Spring is the most pleasant season of the year.

봄은 1년 중에 가장 기분 좋은 계절이다.

4 He had the worst experience of his whole life yesterday.

그는 어제 그의 생애에서 최악의 경험을 했다.

5 Shakira is one of the most famous singers in Latin America.

Shakira는 라틴 아메리카에서 가장 유명한 가수 중 한명이다.

6 You are the most intelligent boy (that) I've ever seen.

너는 내가 본 사람 중 가장 총명한 소년이다.

7 New York is considered the most diverse city in the U.S.

뉴욕은 미국에서 가장 다양한 도시라고 여겨진다.

8 My house is the oldest one in town. It was built in the 17th century.

우리 집은 이 마을에서 가장 오래되었다. 그것은 17세기에 지어졌다.

9 *Hamlet* is one of the most famous plays that Shakespeare wrote.

'햄릿'은 셰익스피어가 쓴 가장 유명한 극 중 하나이다.

10 Ms. Kim is the most generous teacher I have ever met.

김 선생님은 내가 만났던 선생님 중 가장 인자한 선생님이시다.

11 One of the most legendary car designers is making a comeback.

가장 전설적인 자동차 디자이너 중 한 명이 복귀할 예정이다.

12 The God of Inner Power whispered, "Watch out Andrew! On earth, he might have the strongest superpowers as he can knock anyone down with an earthquake."

내공의 신이 속삭였다. "조심해 Andrew! 그는 지진으로 누구든지 넘어뜨릴 수 있기 때문에, 땅위에서는 그가 가장 강한 슈퍼파워를 가진 걸지도 모른다."

13 The Nile River is the longest river in the world.

나일 강은 세상에서 가장 긴 강이다.

14 Mr. Song is the most well-known Korean actor in China.

송 씨는 중국에서 가장 잘 알려진 한국 배우이다.

15 One of the best hockey players in history is Tim Horton.

역사상 최고의 하키 선수들 중 한 명은 Tim Horton이다.

Chapter 10 / 5형식 문장

UNIT 40 사역동사

1 What makes you think so?

무엇이 너를 그렇게 생각하게 하니? (왜 그렇게 생각하니?)

2 Dr. Smith had his nurse take the patient's temperature.

Smith 박사는 그의 간호사가 그 환자의 온도를 재게 했다.

3 A: Let me tell you a really funny story.
B: I'm all ears.

A: 정말 웃긴 이야기를 말해줄게. B: 경청하고 있어.

4 I'm going to have my hair cut tomorrow.

나는 내일 머리를 자를 거야.

5 What Alice said made her friends cry.

Alice가 말한 것은 그녀의 친구들을 울게 만들었다.

6 Gyuro had his teeth whitened; his smile looks great!

규로는 그의 치아를 하얗게 했다; 그의 미소는 멋져 보인다!

7 Dad: I don't let my kids study more than an hour.

아빠: 나는 우리 아이들이 한 시간 이상 공부하게 허락하지 않습니다.

8 I cannot teach anybody anything, I can only make them think. – Socrates

나는 누구에게도 어떤 것을 가르칠 수 없다. 난 그들이 생각하게 할 수 있을 뿐이다. – 소크라테스

9 Your photo makes me want to visit Santa Barbara. How beautiful!

너의 사진은 내가 산타 바바라를 방문하고 싶게 만든다. 정말 아름답구나!

10 She had her children cook dinner, wash the dishes, and do the laundry.

그녀는 그녀의 아이들이 저녁을 요리하고, 설거지를 하고, 빨래를 하게 했다.

11 A: The English teacher made us rip out the entire page.

B: Why in the world did he make you do that?

A: 그 영어선생님은 우리가 그 페이지 전체를 찢어버리게 했어.

B: 도대체 왜 그렇게 하도록 시켰을까?

12 "I understand. I will make him regret what he did. He put so many people in danger!" Andrew answered.

"알겠어요, 저는 그가 한 일을 후회하게 만들 겁니다. 그는 아주 많은 사람들을 위험에 처하게 했다고요!" Andrew가 답했다.

13 *Bulgogi* always makes my mouth water.

불고기는 항상 내 입에서 군침이 나오게 한다.

14 Susan's mom had her stop by and pick up the laundry.

Susan의 엄마는 그녀가 들러서 빨래를 가져가도록 시켰다.

15 Maria's mother won't let her adopt a puppy because she's allergic to dogs.

Maria의 어머니는 강아지에 대한 알레르기가 있어서 그녀가 강아지를 입양하지 못하게 할 것이다.

UNIT 41 지각동사

1 I saw Princess Midan wash her hair.

나는 미단공주가 머리 감는 것을 보았다.

2 Sam watched the bird building a nest.

Sam은 그 새가 둥지를 짓고 있는 것을 보았다.

3 I felt the wind touch my body softly.

나는 바람이 내 몸을 부드럽게 만지는 것을 느꼈다.

---

4 Dorothy suddenly heard the rain pouring down.

Dorothy는 갑자기 비가 퍼붓는 소리를 들었다.

5 Look at your grandmother doing taekwondo. Isn't she lovely?

너의 할머니가 태권도 하시는 것을 봐라. 사랑스럽지 않니?

6 I saw Heather dancing the tango alone in the shower.

나는 Heather가 소나기를 맞으며 혼자 탱고를 추는 것을 보았어.

7 Tanya doesn't seem to feel tears drop from her eyes.

Tanya는 눈물이 그녀의 눈에서 떨어지는 것을 느끼지 않는 것처럼 보인다.

8 The coach had to watch his team beaten in the finals.

그 코치는 그의 팀이 결승전에서 패배당하는 것을 봐야만 했다.

9 A: I saw you throwing a stone at my duck. It made me make a face.

B: Take it easy. It was just a loaf of bread.

A: 나는 네가 내 오리에게 돌을 던지는 것을 보았어. 그건 내 얼굴을 찌푸리게 만들었어.

B: 진정해. 그건 그냥 빵조각이었어.

10 Andrew ran into Seismico with lightning speed and felt the ground shaking.

Andrew는 번개 같은 속도로 Seismico에게로 달려갔고 땅이 흔들리는 것을 느꼈다.

11 The safari driver didn't see the lion lying in the road.

사파리 운전자는 길에 사자가 누워있는 것을 보지 못했다.

12 You know what? Yesterday I watched an elegant woman pick her nose on the subway.

너 그거 알아? 어제 한 우아한 여자가 지하철에서 코를 후비는 것을 봤어.

13 The parents watched their son flying[fly] a kite in the sky.

그 부모님들은 그들의 아들이 하늘에 연 날리는 것을 보았다.

14 Josh felt the spider crawling[crawl] over his leg.

Josh는 그의 다리에 거미가 기어가는 것을 느꼈다.

15 You saw me waving[wave] at you on the other side of the street yesterday, didn't you?

너는 내가 어제 길 건너에서 손을 흔드는 거 봤지, 그렇지?

UNIT 42 help + 목적어 + (to)동사원형

1 Please, help me to come back to earth.

제가 정신 차리게 도와주세요.

2 Would you help me (to) bring my pet to the hospital?
제가 제 애완동물을 병원으로 데려가는 것을 도와주시겠어요?

3 A high school student helped an old lady cross the street.
한 고등학생이 할머니가 길을 건너는 것을 도와드렸다.

4 Sally, go help your dad clean the garage.
Sally야, 가서 너의 아빠가 차고를 청소하는 것을 좀 도우렴.

5 I'm trying to help Bill look for a new smartwatch.
나는 Bill이 새로운 스마트와치 찾는 것을 도우려고 애쓰고 있어요.

6 Going for walks every day helps me to organize my thoughts.
매일 산책을 가는 것은 내가 생각을 정리할 수 있도록 돕는다.

7 A: What was John doing when I called him?
   B: He was helping the new players unpack their bags.
   A: 내가 John에게 전화했을 때, 그는 뭐하고 있었어?
   B: 그는 새로 온 선수들이 가방을 푸는 것을 돕고 있었어.

8 The light from the sun helps the children grow healthy.
태양으로부터 나오는 빛은 아이들이 건강하게 자라도록 돕는다.

9 Julia wanted to help her mom do yoga in the living room.
Julia는 그녀의 엄마가 거실에서 요가 하는 것을 돕고 싶어했다.

10 Oh, Lord, please help me to escape from this miserable situation.
오, 주님, 제발 제가 이 비참한 상황에서부터 벗어나게 도와주세요.

11 Weiwei helped Ms. Stiles learn Chinese. The first expression was how to answer the phone.
Weiwei는 Stiles 씨가 중국어를 배우는 것을 도왔다. 첫 번째 표현은 전화를 받는 방법이었다.

12 The God said, "Don't get knocked down! I can't help you fight him because it's your own fight"
내공의 신이 말했다. "넘어지지 마라! 이건 너 자신의 싸움이니 네가 그와 싸우는 것을 도울 수가 없단다!"

13 Scott is helping me to tidy my books up.
Scott은 내가 책들을 깔끔하게 정리하는 것을 돕고 있다.

14 The little boy helped his younger brother to take off his coat.
그 어린 소년은 그의 남동생이 코트를 벗는 것을 도왔다.

15 These time-saving techniques will help us work more efficiently.
이 시간을 절약해 주는 기술들은 우리가 좀 더 효율적으로 일하도록 도울 거야.

UNIT **43** keep / make / find + 목적어 + 형용사

1 Her endless nagging makes us dizzy.
그녀의 끊임없는 잔소리는 우리를 어지럽게 만든다.

2 The blanket will keep you warm.
그 이불은 당신을 따뜻하게 유지시켜 줄 거예요.

3 This thermos can keep the water hot all day.
이 보온병은 물을 온종일 뜨거운 상태로 유지할 수 있다.

4 I just found the guard asleep. Let's sneak in now.
나는 막 경비원이 잠이 든 것을 발견했어. 지금 몰래 들어가자.

5 This air conditioner isn't making the air cool at all.
에어컨은 방안의 공기를 전혀 시원하게 해주지 못하고 있다.

6 The judge's ruling made Bobby's family happy.
판사님의 판결이 Bobby의 가족들을 행복하게 했다.

7 Sora keeps her body fit by exercising regularly.
소라는 규칙적으로 운동을 함으로써 그녀의 몸을 건강하게 유지한다.

8 The power of imagination makes us infinite. – John Muir
상상력은 우리를 무한하게 만든다. – 존 무어

9 The girl found her house too dirty for the party.
그 소녀는 파티를 하기에는 그녀의 집이 너무 더럽다는 것을 발견했다.

10 Don't keep the baby alone too long in this room.
그 아기를 너무 오랫동안 이 방 안에 혼자 있게 하지 마.

11 The best way to make children good is to make them happy. – Oscar Wilde
어린이들을 착하게 만드는 최고의 방법은 그들을 행복하게 하는 것이다. – 오스카 와일드

12 Unfortunately, Andrew couldn't keep his posture steady on the shaking ground and fell down.
불행히도, Andrew는 흔들리는 땅 위에서 그의 자세를 안정되게 유지할 수가 없었고 넘어지고 말았다.

13 Mr. Armstrong found his new coach so witty.
Armstrong 씨는 그의 새로운 코치님이 매우 재치 있다는 것을 알아냈다.

14 A: You look so tired. What's wrong with you?
   B: The sound of a swinging gate kept me awake all night.
   A: 너 굉장히 피곤해 보인다. 무슨 일 있어?
   B: 휙휙 움직이는 문소리가 나를 밤새 깨어 있게 했어.

15 The shampoo made his hair shiny, but he had little hair.
그 샴푸는 그의 머리를 반짝이게 했지만 그는 머리카락이 거의 없었다.

Chapter 11 / It 구문

1 It is not easy to abolish corruption.
부패를 척결하는 것은 쉽지 않다.

2 Hey, boys! It is dangerous to play with fire.
얘들아! 불 가지고 노는 것은 위험해.

3 Was it your job to take care of the abandoned dogs?
유기견을 돌보는 것이 너의 일이었니?

4 It was not easy to listen to his boring lecture.
그의 지루한 강연을 듣는 것은 쉽지 않았다.

5 It was very exciting to start this business.
이 사업을 시작하는 것은 굉장히 신났었지.

6 It was a harsh punishment to feed an elephant in India.
인도에서 코끼리에게 먹이를 주는 것은 가혹한 형벌이었다.

7 It was dangerous to go on a trip to Brazil alone.
브라질에 홀로 여행을 가는 것은 위험했다.

8 It was a good experience for her to be an extra in the movie.
그녀가 그 영화에서 조연을 한 것은 좋은 경험이었다.

9 It is interesting to watch a chicken fly. Have you ever seen it?
닭이 나는 걸 지켜보는 것은 흥미롭다. 그것을 본 적이 있니?

10 Jacob spoke so quickly. It was impossible to understand him.
Jacob이 너무 빠르게 말했어. 그를 이해하는 것은 불가능했어.

11 Shaman: It's possible to guess what will happen, but you have to pay me to tell you.
무당: 무슨 일이 일어날 지 추측하는 건 가능합니다만, 당신은 나에게 돈을 지불해야 합니다.

12 Seismico said, "Ha ha ha… It is your destiny to die here today by my power!"
Seismico가 말했다. "하하하… 오늘 여기에서 내 힘에 의해 죽는 것이 너의 운명이다!"

13 It is difficult to explain some natural laws.
몇몇 자연법칙들을 설명하는 것은 어렵다.

14 A: Is it possible to travel to the moon using a drone?
B: It can't be.
A: 드론을 사용해서 달에 가는 것이 가능한가요?
B: 그럴 리가.

15 It is not uncommon to see many cows on the streets in this country.
이 나라에서 길 위의 많은 소를 보는 것은 드문 일은 아니다.

1 It is our destiny that we meet again in this store.
우리가 이 가게에서 다시 만난 것은 운명이다.

2 It was thrilling that our team made it to the finals.
우리 팀이 결승전으로 진출하게 된 것은 아주 신나는 일이었다.

3 Isn't it shocking that David defeated Goliath?
David가 Goliath를 패배시켰다는 것은 놀랍지 않니?

4 It is so sad that Naomi is going to leave the country soon.
Naomi가 곧 그 나라를 떠날 예정이라는 것은 매우 슬프다.

5 It is scary that icebergs are melting so fast.
빙산들이 그렇게 빠르게 녹고 있는 중이라는 것은 겁나는 일이다.

6 Lawyer: It is clear that my client is innocent, Your Honor.
변호사: 제 의뢰인이 무죄라는 것은 명백합니다, 판사님.

7 It's a miracle that Kathy overcame her stomach cancer.
Kathy가 그녀의 위암을 극복했다는 것은 기적이다.

8 Is it true that everything happens for a reason?
모든 것은 이유가 있기 때문에 일어난다는 것이 사실인가요?

9 It is important that you (should) be careful at all times.
당신이 항상 조심해야 하는 것은 중요하다.

10 It is surprising that the shepherd got the most expensive watch in the world.
그 양치기가 세상에서 가장 비싼 시계를 가지고 있다는 것은 놀랍다.

11 It is not clear that the citizen killed the police officer yesterday morning.
어제 아침에 시민이 경찰을 죽였다는 것은 확실하지 않다.

12 Andrew thought to himself while standing up, "It doesn't make me a loser that I fell down once."
Andrew는 일어서려고 애쓰면서 혼자 생각했다. '내가 한번 넘어진 게 나를 패배자로 만드는 건 아니야.'

13 Was it fortunate that he was present?
그가 참석했다는 것이 운이 좋은 것이었나?

14 It is disappointing that you didn't finish your duty on time yesterday.
어제 당신이 임무를 제때에 끝마치지 못했던 것은 실망스럽습니다.

15 It's unbelievable that you majored in forensic medicine.
네가 법의학을 전공했다는 것은 믿을 수 없다.

1 It seems that he feels the same way.
그가 똑같이 느끼는 것처럼 보여.

2 It doesn't seem that we are a match made in heaven.
우리는 하늘이 정해준 짝 같지가 않아.

3 It seems that this dinosaur didn't eat grass.
이 공룡은 풀을 먹지 않았던 것처럼 보인다.

4 It seemed that Sally was not comfortable in the wedding dress.
Sally는 웨딩드레스가 편하지 않은 것 같았다.

5 It didn't seem that she made up her mind.
그녀가 결정을 한 것처럼 보이지 않았습니다.

6 Girl: What a nice place!

Boy: But it seems that you have been here before.

소녀: 멋진 곳이네!

소년: 근데 너 전에 여기에 온 적이 있는 것처럼 보이는데.

7 It seems that the clouds are moving our way. It is going to rain!
구름들이 우리 길로 움직이는 것처럼 보여. 비가 올 것 같아!

8 It seems that Daphne forgot to put on her makeup today.
Daphne는 오늘 화장하기를 까먹은 것처럼 보인다.

9 It doesn't seem that we can change the customer's mind now.
우리가 그 고객의 마음을 지금 바꿀 수 있는 것처럼 보이지 않아.

10 Patient: Doctor, my head hurts.

Doctor: It seems that you have a cold. You'd better go home and rest.

환자: 선생님, 머리가 아파요.

의사: 감기에 걸린 것 같네요. 집에 가서 쉬세요.

11 It seems that no one knows the truth. We have to tell the truth.
아무도 진실을 모르는 것 같아. 우리가 사실을 말해야 해.

12 "It seems that I can run on walls because I am really fast. Then his earthquake cannot knock me down when I am not running on the ground!"
'내가 정말 빠르기 때문에 내가 벽을타고 달릴 수 있는 것처럼 보여. 그렇다면, 내가 땅 위를 달리는 중이 아닐 때에는 그의 지진은 나를 넘어뜨릴 수 없어!'

13 It seems that they have prepared for the attack for a long time.
그들이 그 공격을 위해 오랫동안 준비했던 것처럼 보인다.

14 It seemed that our reading club was not interested in reading.
우리 독서동아리는 독서에 관심이 없던 것처럼 보였다.

15 Torch: It seems that you are afraid of the dark. But don't worry. I'll light your way.
손전등: 너희는 어둠을 무서워하는 것 같아. 하지만 걱정 마. 내가 너희 길을 비춰줄게.

Chapter 12 / 접속사

1 Give me the money, and you won't get hurt at least.
나에게 돈을 내놔, 그러면 넌 최소한 다치지 않을 거야.

2 Do not eat at night, or you will become like me.
밤에 먹지 마, 그렇지 않으면 너는 나처럼 될 거야.

3 Wash your hands regularly, and you will stay healthy.
손을 규칙적으로 씻어, 그러면 너는 건강을 유지할 거야.

4 Be nice to your friends, or you will be lonely.
친구들에게 잘 대해주렴, 그렇지 않으면 너는 외로워질 거야.

5 Be ambitious, and your dreams will come true soon.
야망을 가져, 그러면 너의 꿈은 곧 실현될 거야.

6 Do not use your cell phone in class, or you will regret it.
수업시간에 휴대전화 사용하지 마라, 아니면 너는 후회하게 될거야.

7 Genie in the lamp: Tell me your wish, and I'll make it happen.
램프의 요정 Genie: 당신의 소망을 나에게 말씀해 보세요, 그러면 저는 그게 일어나도록 만들 겁니다.

8 Never look back, or you'll turn to stone.
절대 뒤돌아 보지 마라, 그렇지 않으면 넌 돌이 될 것이다.

9 Leave from this village, and you will be forgiven!
이 마을을 떠나라, 그러면 너는 용서받을 것이다!

10 Laughing loudly, Seismico cried out, "Ha ha ha! Surrender, or I'll kill you!"
크게 웃으면서, Seismico는 소리쳤다. "하하하! 항복하라, 아니면 나는 너를 죽일 것이다!"

11 Tell your mom "I love you" every morning, and she will be happy all day.
너의 엄마에게 "사랑해요"라고 매일 아침 말해라, 그러면 그녀는 하루 종일 행복할거야.

12 Laugh, and the world will laugh with you. Weep, and you will weep alone.

웃어라, 그러면 세상이 너와 함께 웃을 것이다. 울어라, 그러면 홀로 울 것이다.

13 <u>Stay</u> inside the shelter, <u>and</u> you will be safe.

보호소 안에 머무세요, 그러면 여러분은 안전할 겁니다.

14 <u>Try</u> to be on time, <u>and</u> the boss will trust you.

시간을 지키려고 노력해, 그러면 너의 사장은 너를 신뢰할 것이다.

15 <u>Come out</u> right now, <u>or</u> you won't get a chance to dance on the stage.

지금 나와라, 그렇지 않으면 무대에서 춤 출 기회를 얻지 못하게 될 거야.

UNIT 48 that/if/whether

1 The dwarf admitted that he stole the reddish apple.

난쟁이는 그가 불그스레한 사과를 훔쳤다고 인정했다.

2 Please ask him if he will come back to school.

그가 학교에 돌아올 예정인지 그에게 제발 물어봐 주세요.

3 She will make a donation if she wins the lottery.

만약 그녀가 복권에 당첨된다면 그녀는 기부할 것이다.

4 Can you tell me whether you can come home by seven or not?

당신이 일곱시까지 집에 올 수 있는지 아닌지 저에게 말씀해 주시겠어요?

5 Whether she likes Matthew or Ken doesn't matter to me.

그녀가 Matthew를 좋아하는지 아니면 Ken을 좋아하는지는 나에게 중요하지 않다.

6 Cinderella complained (that) her shoe was too small.

신데렐라는 그녀의 신발이 너무 작다고 불평했다.

7 I'll buy this figure if it's not too expensive.

이 피규어가 너무 비싸지 않으면 전 이걸 사겠어요.

8 I'm not sure whether that rule is just for dogs or all pets.

저 규칙이 오직 강아지만 해당되는 것인지 아니면 모든 동물에 대한 것인지 나는 잘 모르겠어요.

9 A: How do you know whether or not someone likes you?

B: Look at the person's eyes when he or she smiles.

A: 누군가 당신을 좋아하는지 어떻게 알 수 있죠?
B: 그 또는 그녀가 미소지을 때 그 사람의 눈을 보세요.

10 They will forgive you if you apologize. But if you don't, they won't.

네가 사과한다면 그들은 너를 용서해 줄 것이다. 하지만 네가 그렇게 하지 않는다면, 그들은 그렇게 하지 않을 것이다.

---

11 OMG! I dropped my phone in the toilet. I don't know whether it will work.

어머나! 핸드폰을 변기에 빠뜨렸어요. 그것이 작동할지 안할지 모르겠어요.

12 Andrew noticed that he wasn't paying attention, so he headed to nearby wall and started to run on it!

Andrew는 그가 방심한 것을 알아차려서, 근처의 벽을 향했고, 그것을 타고 달리기 시작했다.

13 Most people think <u>that</u> Ralph <u>stole</u> the money.

대부분의 사람들은 Ralph가 그 돈을 훔쳤다고 생각한다.

14 <u>If</u> you scratch my back, I'll <u>scratch</u> yours.

네가 나의 등을 긁어 준다면, 난 너의 등을 긁어 주겠다.

15 I'm waiting for an important call. <u>Whether or not</u> the battery <u>is charged</u> is my biggest concern.

중요한 전화를 기다리고 있어. 배터리가 충전이 되었는지 아닌지가 나의 가장 큰 걱정이야.

UNIT 49 when/while

1 When I watch movies, I don't eat popcorn.

나는 영화를 볼 때, 팝콘을 먹지 않는다.

2 I listened to music while I was waiting for the bus.

나는 버스를 기다리는 동안 음악을 들었다.

3 Mariel doesn't seem happy while she says so.

Mariel은 그녀가 행복하다고 말하고 있는 반면에 행복해 보이지 않는다.

4 Did Luke go out while I was doing the laundry?

내가 빨래를 하고 있는 동안에 Luke가 밖에 나갔니?

5 What do you usually do when you have free time?

당신은 자유시간이 있을 때 보통 무엇을 하십니까?

6 Somebody took a picture of me while I was talking to Michael.

내가 Michael과 얘기하는 동안에 누군가가 나의 사신을 찍었다.

7 A friend walks in when everyone else walks out.

다른 사람들이 걸어 나갈 때 친구는 걸어 들어온다.

8 Sally is in charge of the project when the leader is absent.

리더가 부재중일 때, Sally는 그 프로젝트를 담당합니다.

9 He was holding his newborn while he was discussing names with his wife.

그가 아내와 이름들에 대해 논의하고 있는 동안, 그는 아기를 안고 있었다.

10 Some feel naked when they lose their phones.

어떤 사람들은 그들이 핸드폰을 잃어버렸을 때, 무방비로 노출된 느낌을 느낀다.

11 You should clean the house while we are eating dinner at the restaurant.

우리가 식당에서 저녁을 먹는 동안, 너는 집안을 청소해야 한다.

12 While Seismico was still unaware of what had happened, Andrew increased his running speed enough to make a big jump from the wall to Seismico.

Seismico가 아직 무슨 일이 벌어졌는지 알아차리지 못하는 사이, Andrew는 그의 달리기 속도를 그 벽으로부터 Seismico에게 큰 도약을 할 정도로 충분하게 증가시켰다.

13 When I was a kid, my family lived on the Cook Islands.

내가 어렸을 때 우리 가족은 쿡 제도에서 살았다.

14 While he takes a shower every day, he rarely brushes his teeth.

그가 샤워를 매일 하는 반면에 그는 좀처럼 이를 닦지 않는다.

15 I played basketball while my girlfriend was looking at me from the stands.

나는 내 여자친구가 관중석에서 나를 보고 있는 동안 농구를 했다.

UNIT **50** as

1 As Jeffrey wasn't ready, we went without him.

Jeffrey는 준비가 안 되었기 때문에 우리는 그 없이 갔다.

2 Josh ran into his teacher as he spat on the road.

Josh는 길거리에 침을 뱉고 있을 때 그의 선생님과 마주쳤다.

3 Nicholas tripped as he ran down the hall.

Nicholas는 복도를 뛰어 내려가다가 넘어졌다.

4 As we walked down the street, a beggar asked if we could give him a dollar.

우리가 길을 걷고 있을 때, 한 거지가 우리가 그에게 1달러를 줄 수 있는지 물었다.

5 The old man ate a hot dog as he was sitting on a bench.

늙은 남자는 벤치에 앉아 있으면서 핫도그를 먹었다.

6 As Bill didn't pay the bill, his electricity was cut off.

Bill은 그의 청구서를 지불하지 않기 때문에, 그의 전기가 끊겼다.

7 As Hilton's salary was so high, she bought a new car every other month.

Hilton의 월급은 매우 높아서, 그녀는 두 달마다 새 차를 산다.

8 The train whistle blew as it approached the station.

기차가 역으로 다가올 때 기적 소리를 냈다.

9 Mom: Are you angry with me as I saw the text message?

Daughter: Yes. It was a secret message from my boyfriend.

엄마: 내가 그 문자를 봐서 화가 났니?
딸: 네. 그건 내 남자친구로부터 온 비밀 메시지란 말이예요.

10 The child was very happy with the gift as it was exactly what he wanted.

그 아이는 그 선물이 정확히 그가 원하던 것이었기 때문에 너무 기뻤다.

11 All you have to do is to do everything as you're told. No questions!

네가 해야만 하는 모든 것은 네가 들은 대로 모든 것을 하는 것이다. 질문은 없다!

12 As Andrew jumped onto Seismico from the wall, he couldn't do anything as he was not on the ground.

Andrew가 벽에서 그에게 점프를 했을 때, Andrew가 땅 위에 있지 않기 때문에 Seismico는 아무것도 할 수 없었다.

13 Do as the Romans do when in Rome.

로마에 있을 때는 로마인들이 하는 대로 해라. 정답: ~대로

14 Nathan kept shaking his leg as he was talking on the phone.

Nathan은 전화통화를 하면서 계속 한 다리를 떨었다.
정답: ~하면서

15 Benjamin is exhausted as he has driven non-stop for twelve hours.

Benjamin은 쉬지 않고 12시간 동안 운전을 하고 있기 때문에 너무 피곤하다. 정답: ~때문에

UNIT **51** since

1 Jin couldn't go out since she had LASIK eye surgery.

Jin은 라식 수술을 해서 밖에 나갈 수 없었다.

2 It has been a long time since I last saw you, buddy!

네가 너를 마지막으로 본 이후로 오랜만이다, 친구야!

3 Sena started to walk faster since she thought somebody was following her.

세나는 누군가 그녀를 뒤따르고 있다고 생각했기 때문에 더 빨리 걷기 시작했다.

4 We haven't eaten anything since we got here.

우리가 여기 도착한 이후로 아무것도 먹지 않았다.

5 Courtney wants to be a kindergarten teacher since she loves kids.

Courtney는 아이들을 사랑하기 때문에 유치원 선생님이 되기를 원한다.

6 Since this is our last warning, I urge you to surrender.

이것이 마지막 경고이기 때문에 저는 여러분들이 항복하길 촉구합니다.

7 Cathy hasn't posted on her Facebook since she went to Berlin.

Cathy는 베를린으로 간 후 자신의 페이스북에 글을 쓰지 않았다.

8 We have to stay in another place since our home is being repaired.

우리 집이 수리되고 있기 때문에 우리는 다른 곳에 머물러야 한다.

9 Since their camping van broke down, they decided to travel overseas.

그들의 캠핑카가 고장 났기 때문에 그들은 해외여행을 가기로 결정했다.

10 A: When will you visit your grandfather?
B: We'll come over on Sunday since he has to work on Saturday.

A: 너희는 언제 할아버지 댁을 방문할 거니?
B: 할아버지께서 토요일에 일을 하시기 때문에 일요일에 찾아뵐 거예요.

11 Jisu will be kicked out since she broke the dorm rules many times.

지수는 기숙사 규칙을 여러 번 어겼기 때문에 쫓겨 날 것이다.

12 Since Flashman was moving so fast, his jump allowed him to smack into Seismico and knock him out! Yes, our hero Flashman just won his first battle against a villain!

Flashman이 엄청 빨리 움직였기 때문에, 그의 점프는 그로 하여금 Seismico에게 세게 부딪히게 했고, 그가 정신을 잃도록 했다. 그렇다, 우리의 영웅 Flashman이 악당과 벌인 그의 최초의 전투를 막 이긴 것이다!

13 Twenty-four months have passed since my daughter was born.

내 딸이 태어난 이래로 24개월이 지났다.

14 He lost his way since it was his first time in Hong Kong.

그는 홍콩에 온 것이 처음이었기 때문에 길을 잃었다.

15 He ran away from home since his mom changed the Wi-Fi password.

그의 엄마가 와이파이 비밀번호를 바꿔서 그는 집을 뛰쳐나갔다.

UNIT **52** not only ~ but also / as well as

1 The meal is not only delicious but also nutritious.

그 식사는 맛있을 뿐 아니라, 영양가도 높다.

2 The company gave her a car as well as a house.

그 회사는 그녀에게 집도 주고 차도 주었다.

3 My husband is good at not only cooking but also cleaning.

나의 남편은 요리 뿐만 아니라 청소도 잘한다.

4 He as well as I is looking forward to going to the zoo.

나뿐만 아니라 그도 동물원에 가는 것을 기대하고 있다.

5 Not only white but also black looks good on you.

흰색뿐 아니라 검정색도 너에게 잘 어울린다.

6 Amy is not only my twin sister but (also) my best friend.

Amy는 나의 쌍둥이 여동생일 뿐 아니라 나의 가장 친한 친구이다.

7 Mike grilled meat not only for Jessica but also for her dog Roy.

Mike는 Jessica뿐 아니라 그녀의 강아지 Roy를 위해서 고기를 구웠다.

8 When I see your face, I feel hate as well as love all the time.

내가 너의 얼굴을 볼 때, 나는 늘 매일 사랑뿐만 아니라 증오도 느낀다.

9 Not only the students but also the teacher doesn't know where they are.

학생들뿐만 아니라 선생님께서도 그들이 어디 있는지를 알지 못하고 있다.

10 Not only does Chloe like tennis, but she also enjoys golf.

Chloe는 테니스를 좋아할 뿐 아니라 골프도 즐긴다.

11 Trust me. This book is not only useful for your English, but also fun to read.

날 믿어보세요. 이 책은 여러분의 영어에 유용할 뿐만 아니라 읽기에도 재미있습니다.

12 This fight was really meaningful to him because it was not only a victory for him but also a chance to rescue of a number of people!

그의 승리였을 뿐만 아니라 많은 사람들을 구한 기회였기 때문에, 이 싸움은 그에게 정말 의미 있는 일이었다.

13 Mistakes are not only necessary but also important.

실수는 필요할 뿐만 아니라 중요하기도 하다.

14 Fruits as well as shade are given to us by trees.

그늘뿐만 아니라 과일들도 나무들에 의해서 우리에게 주어진다.

15 The teacher as well as the students was surprised by the special holiday.

학생들과 마찬가지로 선생님께서도 특별 휴일에 놀랐다.

1 정답 ②

해석 A 비가 올 것 같구나. 너는 우산을 가져가야해.
B 네, 엄마.

해설 ~ 해야 한다는 의무를 나타내므로 추측이나 허락을 나타내는 ② may는 적절하지 않다.

2 정답 ⑤

해석 ① 그는 많은 사람을 구했다.
② 그는 좋은 영웅처럼 보인다.
③ 그는 그의 할머니를 자주 볼 수 없었다.
④ 그는 그 자신을 위해 그의 힘들 사용할 수 없다.

해설 다른 은하계에 있는 행성을 파괴시킨 이는 Andrew가 아니라 어떤 악의 영웅(There was an evil hero. He destroyed my planet in another galaxy.)이므로 정답은 ⑤이다.

3 정답 Andrew has never been so excited in his life before.

"이 모든 것이 꿈은 아닐 거야. 그렇지 Jake?" Andrew가 숨을 헐떡거리며 말했다. "넌 방금 많은 목숨을 구했다고!" Jake가 답했다. 내공의 신이 말했다. "너는 인류를 구하는 웅장한 여정을 시작하고 있는 거란다, Andrew! 네가 이 비상 상황에 얼마나 잘 반응할까 궁금했었지만, 이제 나는 너가 좋은 영웅이 될 거라고 믿는단다. 그냥 그렇게 계속 하려무나. 그러면 너는 모든 사람들을 위한 훌륭한 영웅이 될 것이다."

Andrew는 이전에 그렇게 신났던 적이 없었다. 그는 말했다. "이제 이 새로운 힘으로 할머니를 방문할 수 있겠어요. 할머니께서 멀리 사셔서 오랫동안 뵐 수 없었거든요." 내공의 신이 말했다. "내가 이 점에 대해서 방금 막 네게 경고해 주었지 않느냐, Andrew. 너의 힘을 다른 사람들을 위해서 쓰거라, 너 자신을 위해서는 말고. 어떤 악당이 있었단다. 그는 다른 은하계에 있는 나의 행성을 파괴시켰지. 그래서 내 백성들은 모든 것을 잃었단다. 그는 자신을 위해 그의 힘을 쓰곤 했기 때문에 사악하게 되었단다. 작건 크건… 그건 중요하지 않다. 네 힘을 스스로를 위해 사용하지 마라!" Jake가 말했다. "Andrew, 너는 다른 사람들만을 위해서 너의 힘을 써야 돼." "그렇단다. Jake야. Andrew야, 그 영웅으로부터 교훈을 좀 얻는 게 좋을 것이다." 내공의 신이 덧붙였다.

1 정답 ④

해설 '시야에서 사라지다'를 의미하므로 ④ 사라지다 (disappear)가 적절하다.

2 정답 ⑤

해설 Andrew는 검은 복장을 입은 그 남자 또한 자신처럼 일종의 슈퍼파워를 가진 것처럼 보였기 때문에 ⑤ confused(혼란스러운)이 적절하다.
① 피곤한 ② 흥분한 ③ 기쁜 ④ 흥미 있는

3 정답 The train coming into the station sounded a little strange.

"순진한 사람이 새로운 힘을 받을 때, 그들은 때때로 그 힘을 자신의 욕망을 위해 쓰게 된다. 그 순간, 그들은 막 악의 기운에 사로잡힌 것이지만, 그들은 그렇다고 상상도 할 수가 없지. 그러니 Andrew, 너의 힘을 너 자신을 위해서 사용하고 싶은 욕망으로 가득찰 때 조심하려무나. 알겠지?" Andrew는 답했다. "네, 알겠습니다. 오직 다른 사람들을 돕기 위해서만 제 힘이 사용되도록 약속 할게요." "역시 내 친구야! 너 자신을 위해 너의 새로운 힘을 쓰지 않도록 내가 너를 지켜볼게." Jake가 말했다. 내공의 신이 말했다. "자신의 말을 지키는 것이 좋은 영웅이 되는 것이란다. 그 약속을 지키는 것이 쉽지는 않겠지만, 이 점을 기억하려무나. 그 행성이 파괴되었을 때 그 악당 또한 폭발했단다. 너의 욕망에 관심을 기울이기를 피하고 다른 사람들을 돕는 일을 즐기거라." 내공의 신은 이렇게 말한 후에 다시 사라졌다. 그날부터, Andrew의 목표는 그의 새로운 슈퍼파워로 다른 사람들을 보호하고 지키는 것이 되었다.

어느 날 아침에 Andrew는 학교로 가는 열차를 기다리며 신문을 읽고 있었다. 사람들을 구하는 Flashman의 사진이 신문 1면에 등장했다. 역으로 들어오는 그 열차는 약간 이상하게 소리 났다. 그 열차의 철도가 검은 복장을 입은 어떤 이상한 사람에 의해 파괴되고 있었기 때문에 그 달리는 열차는 많이 흔들리고 있었다. 그 이상한 남자는 열차 선로 위에 있었다. 그로부터 나오는 강한 에너지가 바로 파괴된 선로의 이유였다! Andrew는 검은 복장을 입은 그 남자 또한 일종의 슈퍼파워를 가진 것처럼 보였기 때문에 그 장면에 혼란스러웠다. 그의 슈퍼파워를 이용하여 Andrew는 순식간에 그의 Flashman 옷으로 갈아입었다.

1 **정답** Watch out

해설 차가 돌진하고 있으므로 조심해(watch out)의 표현이 적절하다.

2 **정답** ④

해설 나머지는 Andrew를 지칭하지만, ④는 Seismico이다.

3 **정답** Andrew himself couldn't believe what happened./ Andrew couldn't believe what happened himself.

열차에 타고 있던 사람들은 그 열차가 조종불가상태가 되었기 때문에 거대한 사고를 직면하고 있었다. 우선, Andrew는 플랫폼으로 돌진하고 있는 그 열차를 멈춰야 했다. 그래서 그는 열차위로 뛰어올라, 비상브레이크가 있었던 첫 번째 열차로 들어가서, 그의 온 힘을 다해 브레이크를 당겼다. 그가 한 일은 정말로 시끄러운 소음을 일으켰고 열차는 플랫폼에 충돌하기 직전에 멈췄다. Andrew 스스로도 벌어진 일을 믿을 수가 없었다. 마치 기적처럼, 플랫폼 위나 열차에 탄 그 누구도 다치지 않았다! 한바탕 환호와 박수갈채가 사람들로부터 나왔다. 사람들은 소리쳤다. "와! 고마워요! 많은 사람들이 그들의 목숨을 잃을 뻔 했어요! 당신이 그들을 구했어요! 그 점에 대해 의심의 여지가 거의 없군요!"

그러나 슈퍼파워를 가진 두 사람 사이에 갑작스레 긴장이 있었다. 한 명은 빨간색 옷을, 다른 사람은 검은색 옷을 입고 있었다. 검은 옷을 입은 사람이 말했다, "흐흐… 그래서, 네가 내가 하던 일을 방해했군. 우리 서로 소개해볼까? 나는 Seismico(싸이즈미코)다, 지진을 통제할 수 있지." Andrew가 답했다, "나는 Flashman이다. 네 이름 싸이코 아니냐? 네가 지상에서 가장 미친 것처럼 보이는데 말이야! 왜 여기에서 지진을 만들었지?" "나는 지구상의 어떠한 슈퍼히어로로 보다 훨씬 더 강하다. 나는 오늘 너를 이김으로써 그 점을 증명할 것이다!" Seismico가 말했다. 내공의 신이 속삭였다. "조심해 Andrew! 땅위에서 그는 지진으로 누구든지 넘어뜨릴 수 있기 때문에 그는 땅 위에서는 그가 가장 강한 슈퍼파워를 가진 걸지도 모른다."

1 **정답** ③

해설 '속상하거나 실망한, 괴로워하는 기분을 느끼다'를 의미하므로 ③ 후회하다(regret)가 적절하다.

2 **정답** ⑤

해설 a number of는 '많은'의 의미로 바르게 연결되어 있지 않다.

3 **정답** It doesn't make me a loser that I fell down once.

"알겠어요. 저는 그가 한 일을 후회하게 만들 겁니다. 그는 아주 많은 사람을 위험에 처하게 했다고요!" Andrew가 답했다. Andrew는 번개 같은 속도로 Seismico에게로 달려갔고, 땅이 흔들리는 것을 느꼈다. 내공의 신이 말했다. "넘어지지 마라! 이건 너 자신의 싸움이니, 네가 그와 싸우는 것을 도울 수가 없단다!" 불행히도, Andrew는 흔들리는 땅 위에서 그의 자세를 안정되게 유지할 수가 없었고 넘어지고 말았다. Seismico가 말했다. "하하하…오늘 여기에서 내 힘에 의해 죽는 것이 너의 운명이다!" Andrew는 일어서려고 애쓰면서 혼자 생각했다. '내가 한 번 넘어졌다고 내가 패배자가 되는 건 아니야. 내가 정말 빠르기 때문에 내가 벽을 타고 달릴 수 있는 것처럼 보여. 그렇다면, 내가 땅 위를 달리는 중이 아닐 때는 그의 지진은 나를 넘어뜨릴 수 없어!' 크게 웃으면서, Seismico는 소리쳤다. "하하하! 항복해라, 아니면 나는 너를 죽일 것이다!" Andrew는 그가 집중하지 않는다는 것을 알아차리고, 근처의 벽을 향했고, 그것을 타고 달리기 시작했다. Seismico가 무슨 일이 벌어졌는지 아직 깨닫지 못하는 사이에, Andrew는 그의 달리는 속도를 그 벽으로부터 Seismico에게 큰 도약을 할 정도로 충분하게 증가시켰다. Andrew가 벽에서 그에게로 점프를 했을 때, Andrew가 땅 위에 있지 않았기 때문에 Seismico는 아무런 일도 할 수 없었다. Flashman이 엄청 빨랐기 때문에, 그의 점프는 그로 하여금 Seismico에게 세게 부딪히게 했고, Seismico가 정신을 잃도록 했다!

그렇다, 우리의 영웅 Flashman이 악당과 벌인 그의 최초의 전투를 막 이긴 것이다! 그의 승리였을 뿐만 아니라 많은 사람들을 구하는 기회이기도 했기 때문에, 이 싸움은 그에게 정말 의미 있는 일이었다.

내공
중학
영어
구문2